SALVADOR A. CARRIÓN

LA MAGIA
DE LA PNL

EDICIONES OBELISCO

Si este libro le ha interesado y desea que lo mantengamos informado
de nuestras publicaciones, escríbanos indicándonos qué temas son de su interés
(Astrología, Autoayuda, Ciencias Ocultas, Artes Marciales, Naturismo,
Espiritualidad, Tradición...) y gustosamente lo complaceremos.

Puede consultar nuestro catálogo en www.edicionesobelisco.com

Colección Éxito
LA MAGIA DE LA PNL
Salvador A. Carrión López

1ª edición: noviembre de 2008

Corrección: M.ª Ángeles Olivera
Maquetación: *Revertext. S.L.*
Diseño de portada: *Enrique Iborra*

Edita: Ediciones Obelisco S.L.
Pere IV, 78 (Edif. Pedro IV) 3ª planta 5ª puerta
08005 Barcelona - España
Tel. 93 309 85 25 - Fax 93 309 85 23
Paracas, 59 - Buenos Aires C1275AFA República Argentina
E-mail: info@edicionesobelisco.com

ISBN: 978-84-9777-495-6
Depósito Legal: B-35.255-2008

Printed in Spain

Impreso en España en los talleres gráficos de Romanyà/Valls S.A.
Verdaguer, 1 — 08786 Capellades (Barcelona)

Introducción

Lo que otros han logrado
se puede lograr siempre.

ANTOINE DE SAINT-EXUPERY

Cuando los padres de la criatura bautizada con el nombre de PNL[1] decidieron darla a conocer al mundo, lo hicieron en dos libros: *La estructura de la magia* y *De sapos a príncipes*. Obviamente, ambos títulos hacían referencia al aspecto mágico de la metodología que querían promover. El contenido versaba sobre la epistemología de la experiencia, o lo que es lo mismo, cómo se identifican los procesos mentales que manejamos los humanos para utilizar o adquirir nuevas capacidades y/o ejecutar o aprender conductas. A simple vista parecía una técnica de cambio y desarrollo personal más de las muchas que circulaban en el mundo *new age* de la década de 1970; sin embargo, no tenía nada que ver con ninguno de los anticuados métodos psicoterapéuticos y de mejora humana al uso.

John Grinder y Richard Bandler, progenitores del sistema, habían encontrado y reglamentado los patrones de la dinámica mental, es decir, cómo pensamos, y, en consecuencia, cómo

1. En el idioma original, inglés, se escribe NLP, siglas correspondientes a Neuro Linguistic Programing, que al traducirse al español se convirtió en Programación Neurolingüística, de ahí el acrónimo PNL.

llevamos a cabo nuestras acciones. No se trataba de una invención, sino que era el producto de una meticulosa observación, análisis y estructuración de aquello que estaban realizando los magos o gurús de la comunicación humana en general y terapéutica en particular en aquellos momentos, y que conseguían éxitos espectaculares, fervientes seguidores o «curaciones milagrosas» donde otros muchos habían fracasado. Profesionales de la talla de Fritz Perls, Virginia Satir, Milton Erickson, Gregory Bateson, Chomsky, y otros más, cada uno de ellos mago en su especialidad: gestalt, sistémica, hipnosis, sociología, lingüística, cibernética, prédica, etc., fueron los modelos estudiados y desmenuzados.

El éxito y la novedad del sistema aportado por Grinder y Bandler fue el descubrimiento de las estructuras lingüísticas internas y externas (cómo utilizaban las palabras) que subyacían en el discurso o conversación utilizados por los maestros citados. Y, más allá de este hallazgo, comprobaron que cualquier persona era capaz de reproducir los éxitos de tales genios si recurrían a los mismos patrones identificados.

El descubrimiento siguió prosperando con la incorporación al equipo de investigadores de Robert Dilts, que aportó nuevos modelos de estrategias mentales extraídos de los más heterogéneos personajes de igualmente variadas actividades. Así, desde la ingeniosa capacidad creadora de Walt Disney, al pensamiento analítico de Aristóteles, pasando por la magia compositora de Mozart, la teoría espacio-temporal de Einstein, o la perspicacia de Sherlock Holmes, entre otros muchos quedaron al descubierto y a disposición de la gente gracias a la PNL. En pocos años ya habíamos investigado y desarrollado modelos y técnicas que abarcaban cualquier actividad humana, y se aplicaban con espectacular éxito en todas ellas. El mundo empresarial, la música, los deportes, el desarrollo personal, la enseñanza, la psicoterapia, las ventas, la publicidad, la salud, etc., cualquier área del comportamiento humano quedó manifiesta, pudiéndonos beneficiar de las aportaciones que en cada una de ellas se pusieron a disposición de cualquier individuo.

Son, y han sido, tan sumamente espectaculares los éxitos derivados de las aplicaciones de la PNL, que la mayoría de la gente las califica de «mágicas», y ciertamente lo son, y no es que la PNL contenga elementos sobrenaturales que sólo están al alcance de sus gurús, ni mucho menos, sino que sus técnicas, la mayoría de ellas muy simples, pero de indudable eficacia, si se aplican con la adecuada precisión, son tan efectivas, producen cambios tan profundos, rápidos y espectaculares en cualquier persona que ciertamente la podemos calificar como auténtica magia.

Y a los hechos me remito…

— ¿No es mágico despertar en un instante la capacidad creativa dormida o ignorada?
— ¿No es mágico tener la certeza de que cualquier objetivo que pretendas lo alcanzarás?
— ¿No es mágico eliminar una fobia, que causa a quien la padece una incapacidad de acción, en tan sólo veinte o treinta minutos?
— ¿No es mágico deshacerse de un trauma que bloquea al sujeto y lo incapacita para llevar una vida normal en menos de una sesión?
— ¿No es mágico eliminar las secuelas emocionales de una pérdida, de una separación o de un fallecimiento, tras un tratamiento de no más de una hora?
— ¿No es mágico ser capaz de poder hablar en público cuando antes se sufría un pavoroso miedo escénico?
— ¿No es mágico tener la capacidad de seducir y empatizar con quien tú quieras?

— ¿No es mágico alcanzar un óptimo rendimiento deportivo cuando antes se creía muy limitado?

Podría seguir poniendo cientos de ejemplos de *La magia de la PNL*, pero no quiero cansar, y además, los irás conociendo y aprendiendo a manejar, si así lo quieres, a lo largo de las páginas que ahora tienes en tus manos.

Ciertamente, la magia no es nada nuevo. Desde la más remota antigüedad, el hombre ha buscado poderes para conocer y dominar tanto a las fuerzas de la naturaleza como a sus semejantes. Durante milenios, chamanes, magos, sumos sacerdotes y brujos escudriñaron los secretos de la naturaleza y del hombre, para tener el privilegio y el poder. Sus comprensiones, basadas siempre en la experiencia, les condujeron al conocimiento de las reglas que controlan los comportamientos humanos y su interacción con las energías que fluyen en el universo. Sus fines eran en unos casos, ayudar a que sus pueblos crecieran y evolucionaran, y, en otros, someterlos y controlarlos en beneficio propio. Tanto los magos blancos (los buenos) como los magos negros (los malos) transmitían su sabiduría a sus neófitos tras largos años de discipulado en los que la sumisión absoluta y las duras pruebas eran la norma de la enseñanza, además de obligarles a guardar celosamente los secretos desvelados.

Hoy en día, y gracias a la revolucionaria metodología de PNL, muchas de las claves ocultas de la magia ancestral están al alcance de nuestra mano. Muchos de los secretos del saber prohibido han quedado al descubierto y disponibles para que el hombre se pueda beneficiar de su conocimiento por medio de las herramientas de PNL. Pero no olvides nunca, que como cualquier otra herramienta, ésta puede utilizarse para bien o para mal; un cuchillo puede emplearse para cortar alimentos o cuellos, al igual que un martillo lo puedes usar para clavar clavos o machacar cabezas; el uso que se le dé a cualquier cosa depende tanto de la intención como de la conciencia del sujeto.

Ya te he adelantado que puedes destinar la magia para ayudar a otras personas a que resuelvan sus bloqueos y limitaciones, para despertar la capacidad de autosanación, para erradicar trastornos psicológicos, para que mejoren sus relaciones, para despertar todo tipo de capacidades dormidas. Y también puedes destinar la magia en tu propio beneficio y alcanzar cualquier objetivo que te propongas, felicidad, prosperidad, riqueza, amor, creatividad, etc. El límite de la magia lo pones tú mismo.

Cuando me propuse escribir este libro, decidí que no iba a ser un arduo tratado de difícil digestión, sino un ameno y práctico manual para quienes desearan iniciarse en este *ars magna*. Son muchos los libros técnicos que llenan las estanterías de librerías, incluso los que yo mismo he escrito[2] y a los que puedes acudir si deseas ampliar tus conocimientos en la materia, como para añadir uno más al amplio catálogo existente. Con esta tarea quería proclamar a los cuatro vientos que la PNL bien manejada es auténtica magia, que transforma «las calabazas en carrozas», «los ratones en corceles», y «los sapos en príncipes». Y también quería acercar de modo fácil y ameno las técnicas más poderosas de la PNL a quienes quisieran beneficiarse de esta mágica metodología. Pero, también, que aquellos que ya conocen la PNL pudieran encontrar en su interior interesantes enfoques y simplificados modelos que pudiesen usar tanto en su vida personal como profesional.

---

2. En esta misma editorial están publicados los siguientes libros: *Curso de Practitioner en PNL, Curso de Máster en PNL, Autoestima y desarrollo personal con PNL*, y, *Comunicación de impacto con PNL*. En otras editoriales tiene publicados hasta ocho títulos más.

Mientras no estemos comprometidos, surgen dudas y existe la posibilidad de volver atrás, y siempre hay ineficacia. En relación con todos los actos plenos de ineficacia (y de creatividad) hay una verdad elemental, cuya ignorancia mata innumerables planes e ideas espléndidas: En el momento que asumimos un compromiso de manera definitiva, la providencia divina también se pone en movimiento.

Todo tipo de cosas ocurren para ayudarnos, que en otras circunstancias jamás habrían ocurrido. Todo un fluir de acontecimientos, situaciones y decisiones crean a nuestro favor todo tipo de incidentes, encuentros y ayuda material, que nunca hubiéramos soñado encontrar en nuestro camino.

Cualquier cosa que puedas hacer o soñar, puedes empezarla. El valor encierra en sí mismo genio, fuerza y magia.

GOETHE

Por último, una recomendación: si quieres obtener el máximo beneficio de lo que aquí presento, es necesario que te acerques al contenido con la mentalidad despierta y ávida de un niño inquieto. Abre tu mente a una nueva manera de ver el mundo, pues la magia pertenece a esa otra realidad que sólo ven aquellos que han despertado del trance al que la sociedad tiene sumida a la mayoría de la gente.

EL AUTOR

1

El aprendiz de brujo

Hagamos las cosas lo más simples posible
pero no más simples de lo posible.

ALBERT EINSTEIN

Una de las cosas que más les cuesta al hombre y a la mujer de hoy en día aprender es a simplificar su vida cuando en la realidad, en la naturaleza, la mayoría de las grandes cosas son las más simples.

Son tantos y tan variados los impactos sensoriales que recibimos a cada instante, que resulta muy difícil focalizar la atención en algo concreto durante demasiado tiempo. Esto lleva a la mayoría de la gente a vivir en una irrealidad permanente, pues miran, pero no ven, oyen pero no escuchan, notan pero no sienten. No quiero decir con esto que no perciban con sus ojos, sino que *no saben ver*, o que no oigan sonidos, sino que no atienden ni se detienen a comprender lo oído, que son cosas muy distintas. La mayoría de las personas están acostumbradas a recibir sensaciones a través de los órganos sensoriales, pero ignoran la relación que las causas tienen con ellos, y más allá, la proyección que eso puede tener en sus estados internos y en su futuro.

Te pongo unos sencillos ejemplos. La luz tiene longitudes de onda que van desde los rayos gamma, pasando por rayos X, ultravioleta, infrarrojos o bandas de radar, a los ultravioleta y los circuitos Ac; pues bien, de este amplísimo espectro, el ojo humano tan sólo capta una diminuta franja que oscila entre 380 y 760 nm, o, lo que es lo mismo, un mínimo espacio entre los ultravioletas y los infrarrojos. Otros animales, tales como abejas, perros, rapaces, etc, son capaces de captar longitudes de onda que están completamente fuera de nuestro alcance. Con el sonido ocurre otro tanto; nuestro oído está imposibilitado para percibir las bandas ultrasónicas o infrasónicas, cosa que no ocurre, por ejemplo, con los perros, que oyen la llamada emitida por un silbato que para el oído humano es inaudible. Podríamos seguir presentando aberraciones presentes en nuestra percepción sensorial cotidiana, como las ilusiones ópticas producidas por la distancia, por el contraste luz y sombra, por la secuencia y repetición de estímulos luminosos, etc. Más aún, existen energías que nos afectan orgánicamente y que no apreciamos: las ondas de radio, los campos magnéticos, electricidad estática de baja intensidad, gravedad, fricción atmosférica, rayos gamma, etc. En resumen, lo que percibimos con nuestros órganos de percepción sólo es una parte, y, en la mayoría de las ocasiones, deformada por la realidad circundante.

Por tanto, si realmente quieres aprender la magia de la PNL, tienes que aceptar que la realidad que tú crees que es, nada o muy poco tiene que ver con lo que ciertamente es, o dicho a nuestro modo: que *tu mapa no es el territorio*; que todo lo que tienes alrededor, que todo lo que impresiona a tus sentidos, que el mundo visible y material carece de valor objetivo, que todo lo que a ti te parece que es tan sólo supone una interpretación subjetiva fruto de tus propios filtros sensoriales y condicionamientos mentales. También hay que decir que existen energías aparentemente desconocidas, pero comunes en el lenguaje cotidiano, como atracción, armonía e intención, presentes en el universo, que puedes aprender a utilizar en tu beneficio.

No me cabe la menor duda de que habrás visto alguna película o leído algún libro de magos en los que se describen paisajes oníricos, plantas imposibles, animales imaginarios, gnomos, duendes, hadas, silfos o genios que existen y dan forma a un mundo fantástico en el que todo puede suceder. Se trata de otra realidad a la que se accede cruzando las barreras de la razón; son mundos paralelos a los que tenemos paso cuando uno se libera de los velos que ocultan esos escenarios. Si esos paisajes o esos seres existen o no (puede que sean simples metáforas, símbolos o claves), es lo menos importante, ya que lo que realmente importa es que abren la mente a nuevas dinámicas y comprensiones. De todos modos, piensa que porque la ciencia no haya conseguido demostrar su existencia no por eso dejan de existir. Que no se hayan descubierto los instrumentos capaces de detectar esa otra dimensión de la realidad no quiere decir que no coexista con esta realidad tangible. Todos los días los científicos nos sorprenden con nuevos hallazgos de energías, plantas, animales, etc. hasta ese momento desconocidos, pero que han estado siempre entre nosotros. ¿Por qué no podemos creer también en esos mundos mágicos de los que, desde la más remota antigüedad, sabios y magos nos han hablado?

Una advertencia: *¡No aceptes nada de lo que te diga como si fuese un artículo de fe!* Estudia detenidamente las explicaciones que daré sobre la magia y la PNL, reflexiona sobre ellas, y no las admitas hasta que las hayas comprobado. Para penetrar en los dominios de los auténticos magos has de acostumbrarte a mirar cara a cara con objetividad y sin pasión a lo desconocido de cualquier modo en que se pueda presentar, ya sea suerte, visiones, intuiciones, o incluso materializaciones. No te dejes vencer, como ya ocurrió antaño con la superchería clerical, con la nueva superchería científica, esa que se arroga el derecho absurdo de decidir lo que es correcto o no, lo que es posible y lo que no lo es. Éste es el mayor peligro y atentado contra la libertad de pensamiento y, en consecuencia, el mayor impedimento para el desarrollo de las inmensas capacidades latentes en el hombre.

Con *La magia de la PNL* lo que se pretende descubrir son las claves que llevan a comprender las cosas del modo en que se comprenden, a descubrir los mecanismos mentales que utilizamos para hacer las cosas de la manera en que se hacen, y, en definitiva, llegar a las raíces del pensamiento humano. *La magia de la PNL* es la epistemología de la experiencia. Por tanto, lo único que te debería interesar, tanto del hombre como del mundo, no son sus aspectos externos, su posición o prestigio, su rango o condición, sino su interior, lo inmutable, o sea, su estructura profunda, lo que los magos llamamos la esencia de las cosas. Por lo general, la mayoría de los hombres valora el exterior de todo, su envoltorio, con lo que se quedan en lo superficial y se alejan de la riqueza que alberga el interior. Tal actitud a lo único que conduce es a la degradación, cuando, al contrario, si lo que se cultivan son las cualidades esenciales sin buscar el reconocimiento exterior, entonces surge la valía, el genio y la magia.

> Cuando aprendas a distinguir entre el continente y el contenido, habrás alcanzado la sabiduría.[3]

Son muchos los autores que han usado la metáfora del carruaje para explicar las diferentes facultades humanas y su manejo, y resulta tan útil que no puedo más que emplearla otra vez.

Imagina un carruaje tirado por un caballo, con un cochero al pescante, y en su interior el señor. Este símil encierra todo el

---

3. Dicho sufí.

contenido filosófico y práctico de la magia que vamos a plasmar a la luz de la PNL. Para que el coche ruede es imprescindible un caballo, que vendría a ser la fuerza o energía motriz (que puede llegar a ser incontrolable) que arrastrará al carruaje. El carromato es lo físico inerte, inamovible, incapaz de moverse por sí mismo, pero capaz de transportar hombres y cosas, la parte móvil. Por su parte, para que el caballo no vaya adonde quiera y no se desboque, también se requiere un cochero que dirija, controle y gobierne, lo que dirige. Pero el que decide dónde irá el enganche es el dueño, que dicta la orden, y es el responsable y decisor último.

Traspasando el símil al terreno objetivo, el cochero representa la inteligencia y voluntad; el coche equivaldría al aspecto físico, el cuerpo; el caballo es la energía y la acción, y el señor es la conciencia que gobierna al conjunto del hombre.

El hombre es un sistema como lo es el convoy, lo mismo que la vida y la mente, y como tal está sujeto a una serie de reglas y principios cuyo dominio confiere un poder mágico al conocedor. En el ejemplo, ¿te has percatado de cómo el cochero es capaz de controlar a un animal que es ocho o diez veces más fuerte que él, y que se puede encabritar fácilmente? Unas buenas bridas y un bocado bien puesto son suficientes para que la bestia esté bajo su control.

Tal vez te estés preguntando qué tienen que ver los caballos, los cocheros, los carros y los señores con el tema que nos ocupa de la la magia y la PNL. Pues mucho. El conocimiento (experiencia) de cómo opera cada uno de esos elementos del sistema (cuerpo, mente y conciencia) y saber manejarlos de forma adecuada es magia. Entonces, ¿bastaría con saber cómo es la constitución del hombre para ser un mago? Ciertamente no. Somos un sistema dentro de otro sistema, y éste, a su vez, dentro de otro, y otro y otro, cada uno de ellos de mayor tamaño y complejidad, que también tiene sus reglas y principios.

Conocerlos y saber manejar sus energías es Magia con mayúscula.

Para ser un auténtico mago no es suficiente conocer la teoría, tener mucha información, o ser un erudito; se exige práctica, que es lo que conduce a la experiencia, ya que sin ésta la magia no es posible.

> Información sin experiencia es
> lo mismo que un asno cargado
> de libros.[4]

La PNL es absolutamente pragmática; se fundamenta en el conocimiento práctico. La gente vulgar es fácilmente sugestionable y se deja engañar sin saberlo. Se le ha inculcado la idea de que cuanta más información tenga más opciones tendrá en la vida. Argumento falaz, por eso hay tantísimos licenciados en el paro, y tan pocos expertos sin trabajo. La PNL, como la magia, son prácticas de artesanos: son lo que hacen, y hacen lo que son. Pero para ello han sido necesarios años de aprendizaje a pie de obra, con disciplina, constancia y paciencia. Ciertamente, la PNL obra «milagros», pero para poder realizarlos, el mago que los ejecuta ha tenido que mantenerse firme aprendiendo desde dentro, viendo cómo los maestros brujos llevaban a término las técnicas, y luego, repetirlas una y otra vez hasta convertirse ellos mismos en maestros.

Ser cochero de un carruaje de caballos no se improvisa de la noche a la mañana; son años de práctica subido al pescante, llueva, truene o nieve, acompañando al maestro cochero, atendiendo sus indicaciones, conociendo a fondo la naturaleza del caballo y cuidándolo con mimo para que se mantenga sano y fuerte, conociendo las posibilidades del carruaje, su resistencia

---

4. Dicho sufí.

y seguridad, y, sobre todo, aprendiendo a obedecer sin oposición las ordenes que le dicta su señor.

Sería bueno que respondiera ahora a la pregunta que tal vez muchos se estén haciendo: ¿Cómo podríamos entonces definir lo que es la Magia a la que nos estamos refiriendo?

Para responder, antes prefiero dejar claro aquello que no es magia. Actualmente existe una grave tergiversación del término, que conduce a la mayoría de personas a no saber a qué se refiere cuando pronuncia o escucha el vocablo magia.

Magia no es el malabarismo circense de trucos, palomas en el sombrero, pañuelos de colores, monedas o cartas escondidas.

Magia no es el «mentalismo» barato de falsa adivinación de números, objetos escondidos, nombres, etc.

Magia no son los burdos rituales importados de países exóticos con cirios, pócimas, ungüentos y sonajas.

Magia no es lo que hacen los pseudovisionarios, adivinos y pitonisas de 806.

Magia tampoco son los talismanes y sortilegios que venden los astutos engañabobos en las tiendas «esotéricas».

Si no es nada de eso, ¿de qué estamos hablando?

Muy sencillo, estamos refiriéndonos al óptimo uso de nuestras facultades, empezando por los órganos de percepción sensorial, y concluyendo con la propia armonización con todas las energías del cosmos. De esa forma alcanzarás un poder sin límites; disfrutarás más de cada instante; serás más eficaz, productivo y competente; superarás cualquier limitación que se te presente; podrás ayudar a los demás a resolver sus problemas y desarrollarte plenamente como ser humano; en definitiva, darle un sentido trascendente a tu vida. De sobra sabemos que el hombre sólo usa el 10 por 100 de su cerebro, y eso en el caso de los genios, ¿te imaginas lo que podrías llegar a ser o alcanzararías si utilizaras un 50 por 100 de tu capacidad y no tan sólo un 10 por 100? Eso es magia.

La PNL, como la magia, utiliza determinados instrumentos para transformar la naturaleza de las personas y cosas, con el fin de potenciar sus capacidades, y eliminar sus bloqueos, pero, para conseguirlo, primero es necesario conocer esas herramientas y aprender a utilizarlas adecuadamente para que produzcan el efecto deseado.

Así, los operadores que usamos en PNL son:

Los encantamientos: Modificadores de la forma en que los individuos representan el mundo interiormente y en que perciben la realidad (subjetiva), lo que les permite escapar del «conjuro» al que estaban sometidos.

Los sortilegios: Un lenguaje específico que permite conocer el mundo íntimo propio y de las otras personas, e inducirlos a producir cambios favorables.

Los pases mágicos: Un conjunto de técnicas basadas en el conocimiento de la fisiología y de los procesos mentales, y cómo éstas pueden transformar y potenciar nuestras capacidades, así como resolver multitud de bloqueos y limitaciones que hasta ahora parecían crónicos.

El mapa no es el territorio.
Los planos no son la casa.
El libro no es la experiencia.

2

Los encantamientos

Somos como pensamos.

BUDA

Saber cómo piensan las personas siempre ha sido, desde que el hombre bajó de los árboles, el gran reto al que filósofos, pensadores, y más recientemente psicólogos, se han enfrentado en busca de una respuesta. Sin embargo, por más esfuerzos que realizaron, por más teorías que plantearon, el fracaso les acompañó a casi todos ellos. La causa del mismo se hallaba en la forma de plantearse el dilema: «¿Qué es lo que piensa el hombre?» en vez de cuestionar como hubiera sido adecuado: «¿Cómo piensa el ser humano?»

La magia de la PNL ha dado con las claves que nos permiten detectar el *cómo* del pensamiento, es decir, la *forma* de nuestros procesos mentales, cómo creamos y secuenciamos las ideas que circulan por la mente. Conste que no estoy hablando de conocer el contenido de los pensamientos de nadie, sino los mecanismos que operan y cómo operan. Volviendo al símil carro, caballo, cochero y señor, sería saber qué es lo que sucede y cómo responde el caballo si tiramos de la brida derecha, o de la izquierda, si arreamos, o jalamos. Sabiendo esto podemos dirigir a la bestia al lugar y a la velocidad que deseemos: al paso, al trote o al galope, a un lado o a otro.

Conocer *cómo piensan* los demás no es nada complicado, ya que tenemos herramientas auxiliares para realizar este tipo de «encantamientos», sólo hay que conocerlas y saber usarlas. Básicamente estas armas son tres: la *calibración*, que nos permite ver más allá de lo obvio; el *rapport*, o arte del embrujo; y, el *sistema representacional* o el modo en que cada individuo se representa la realidad internamente.

Es sabido que actuamos según el mandato del pensamiento, ya sea éste consciente o inconsciente. El contenido de nuestros pensamientos se exterioriza sin que nos demos cuenta y sin que queramos. Aunque alguien pretenda hacer creer a otro algo distinto de aquello que está pensando, comete un gran error, puesto que son demasiadas las pistas que se dan de la falsedad manifiesta, de manera que tras aprender a identificarlas nadie puede engañar. Pero para adquirir el dominio y la capacidad para identificar las pistas del engaño, o de cualquier alteración o estado interno, se requiere primero conseguir el dominio en el manejo de los tres instrumentos citados: la *calibración*, el *rapport* y la identificación de la modalidad dominante en el *sistema de representación interna*.

Estoy convencido de que alguna vez te habrás preguntado cómo hacen los lectores de «bolas de cristal», de «posos de café», de «conchas marinas», u otros elementos para conseguir penetrar en el mundo personal de los sujetos que acuden a sus consultas. La respuesta es que se trata de una habilidad (posiblemente innata) de esos «adivinos» que les permite identificar ciertos mensajes que emite el subconsciente de sus clientes y que les hace posible extrapolar el contenido del mismo. No es que tales adivinos vean nada concreto en las bolas, posos o conchas, sino que, a partir de esas señales emitidas por el sujeto de forma inconsciente, ellos pueden hilvanar las respuestas demandadas.

No se trata, pues, de «ver el futuro» o «leer el pasado», sino de ver más allá de las apariencias, captar las sutilezas, aquello que para otras personas pasa desapercibido o que resulta difícil o incluso imposible observar. Esta capacidad no es simplemente un don o regalo de la naturaleza, sino que es algo que todos podemos aprender, y es la magia que llamamos *calibración*. Esta habilidad una vez desarrollada te permite observar los cambios que se producen en la fisiología de cualquier persona, por minúsculos que sean, e indican por dónde van las secuencias del pensamiento, que se manifiestan en el sujeto durante tu interacción con él.

El mago, fundamentalmente, es un experto comunicador; su arte se sustenta en la capacidad de anticiparse a las respuestas conscientes de su interlocutor, sujeto, o público, y eso lo consigue detectando señales que el subconsciente del otro emite sin que el propio sujeto se percate de ello.

¿De dónde saca el mago la información que emite el subconsciente de la gente?

Veamos.

¡Eres la mujer más maravillosa del mundo!

Los proyectos que estamos desarrollando están homologados por la CEE.

Fisiología: gestos, movimientos, tono de voz, etc.

Fisiología: gestos, movimientos, tono de voz, etc.

El arte de ver más allá de lo obvio

La comunicación, el acto comunicativo que se establece entre dos personas, o entre una persona y un grupo, está constituida por dos elementos clave: palabras (lo que se dice, el contenido) y la fisiología adoptada (cómo se dicen las cosas y los gestos que las acompañan). Estos dos factores, palabras y fisiología, conforman el 100 por 100 de la comunicación, y de la congruencia o incongruencia entre ambas dependerá en gran medida el éxito o fracaso de la comunicación. En la interacción humana, estos dos factores mencionados no son equivalentes, sino que a cada uno de ellos le corresponde un porcentaje que se distribuye del siguiente modo: 7 por 100 para el contenido o palabras, y un 93 por 100 para la forma, el conjunto de la fisiología, y cómo se pronuncian las palabras, el volumen de la voz, los gestos y otros micromovimientos que acompañan a las palabras. El gráfico que sigue te dará una visión clara de lo anteriormente comentado.

La manifestación o exteriorización de la fisiología (93 por 100), en la mayoría de las personas, pertenece a la esfera sub-

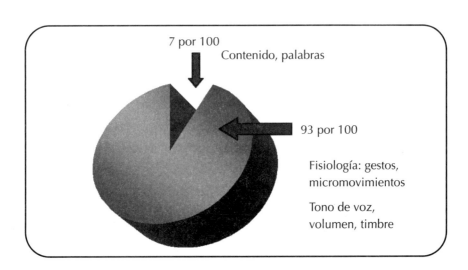

consciente, es decir, muy poca gente es consciente de lo que hace cuando habla. Las palabras, normalmente, se eligen y se manipulan, e incluso pueden mentir, pero la fisiología, salvo que te hayas entrenado muy, pero que muy bien, fluye inconscientemente sin que se pueda controlar a voluntad.

Así pues, si dominas la *calibración* podrás:

- Identificar la reacción que cualquier pregunta o/y comentario que hagas tiene en tu interlocutor.
- Saber si alguien te miente.
- Conocer lo que está ocurriendo de extraño en la mente de las otras personas.
- Si te prestan atención o no, aunque aparentemente parezca que lo hacen.
- Si existen incongruencias entre lo que se dice y lo que se hace.
- Cómo es el estado físico de alguien a pesar de lo que te diga.
- Entender a tus interlocutores sin necesidad de que hablen.
- Cómo reaccionan a tu interlocución aunque pretendan ocultarlo.
- El efecto que cualquier hecho provoca en alguien.
- Identificar cualquier estado emocional en otras personas.

Incluso desarrollando al máximo esta habilidad, se identifican las secuencias del pensamiento, o, lo que es lo mismo, cuáles son los pasos que sigue la mente para construir una estrategia mental que desemboca en una acción.

¿Qué es, cómo se aprende o cómo se desarrolla esta habilidad?

Una de las acepciones que la RR.AA. da al término calibración es: «Establecer con la mayor exactitud posible la correspondencia entre las indicaciones de un instrumento de medida y los valores de magnitud que se miden con él». Para poder realizar esta operación, normalmente se requiere un instrumento de medida que se llama calibrador.

Para nuestros fines y usos, calibrar es captar y memorizar con detalles la fisiología y sonidos que revela una persona en dos momentos diferentes en el tiempo. Se trata, pues, de una observación deliberada, consciente y precisa del comportamiento verbal y no verbal que un individuo exterioriza. En nuestro caso, a diferencia de los técnicos, no disponemos de ningún aparato como el calibrador, por lo que la medición la tenemos que hacer con nuestra propia capacidad de observar y memorizar. Por tanto, para calibrar es preciso aprender a observar con precisión todas las señales inconscientes que afloran a través de la fisiología y la voz.

¿Cuál es el objetivo de la *calibración*, y sobre qué bases se sustenta?

Una regla de la mente aceptada por los magos dice así: «Cualquier pensamiento, idea o emoción que experimenta una persona causa una reacción orgánica».

Este principio está ampliamente comprobado clínicamente, e incluso se acepta que tales reacciones se producen a nivel celular. De sobra es conocido que ciertos estados de ánimo provocan la segregación de determinadas hormonas; así pues, pensamientos positivos y afectivos estimulan la producción de endorfinas, y pensamientos de temor y tensión desencadenan el flujo de adrenalina; igualmente, pensar en una rica comida hace que los jugos gástricos comiencen a verterse en el estómago, y así multitud de respuestas orgánicas. Esas reacciones del sistema endocrino o gastrointestinal son invisibles, y no se pueden identificar; sin embargo, hay cambios visibles, pero que por su sutileza pasan desapercibidos para la mayoría de las personas, que son los que a nosotros nos interesa descubrir. ¿Quién no se ha sonrojado alguna vez, o ha visto a otro sonrojarse? ¿Quién no se ha percatado en alguna ocasión de cómo alguien abre expresivamente los ojos cuando escucha algo sorprendente? ¿Quién no ha movido o visto mover los pies o las manos inquietamente cuando se siente nervioso? ¿A quién no se le ha quebrado la voz o ha carraspeado cuando está tenso o falsea una información? Pues bien, todas esas manifestaciones fisiológicas y vocales: sonrojarse, abrir los ojos, mover inquietamente pies o manos, inflexiones de la voz son las exteriorizaciones (reacciones orgánicas) fruto de los pensamientos y/o emociones que ocurren en el interior de la persona. Por ejemplo, en el caso del sonrojo puede ser que la persona esté pensando: «qué vergüenza», «me han pillado», o cosas así; en el caso del arqueo de cejas y ojos: «¿qué me estás diciendo…?», «¡que interesante; no quiero perderme ni un detalle!», o, «¿cómo es posible?»; la persona que mueve inquietamente los pies podría estar pensando: «¡ya estoy cansado de esta situación, a ver cuándo acaba!», o, «¡no sé qué responder si ahora me preguntaran!», u otras cosas por el estilo.

Estos cambios del comportamiento (fisiológicos y vocales) nos indican que algo fuera de lo normal está sucediendo en el interior de la persona. No nos hablan nunca del contenido, del qué, de las palabras que contiene su pensamiento, sino que existe una alteración en un momento dado. Eso es lo que precisamente nos interesa, detectar con la *calibración* los cambios que se producen en la expresión verbal y no verbal de un individuo en dos intervalos de tiempo seguidos. Algo así como uno de esos pasatiempos que consiste en identificar las diferencias que hay entre dos viñetas aparentemente iguales. Lo que nos distingue del juego es que las imágenes de éste son estáticas, mientras que la fisiología y la voz son dinámicas, lo que exige mayor atención y velocidad a la hora de detectar las alteraciones.

Cuando lo que se piensa, y además, lo que se dice (contenido) y cómo se dice (forma) constituyen una unidad compacta o armónica, decimos que existe *congruencia*. Es decir, la comunicación fluye con naturalidad y coherencia, sea el tipo de pensamiento que sea. Así, por ejemplo, si la persona tiene pensamientos serenos y positivos, y su expresión es relajada, su voz templada, su respiración sosegada, en conjunto, todo su comportamiento es congruente con su estado interno y su mente. Al igual que también será congruente aquel otro, que estando interiormente enfadado, se manifiesta gesticulando agresivamente, vociferando y tensionando todo el cuerpo. En ambas situaciones hay *congruencia*.

Sin embargo, cuando alguien está diciendo o pensando una cosa y su fisiología y voz otra, estamos ante una situación de *incongruencia*. Veamos el caso: un individuo nos comenta que está tranquilo y relajado, que se siente a gusto con la situación en la que se encuentra, pero lo vemos sentado al borde de la silla, echado adelante, con manifiesta tensión muscular, brazos y piernas con movimientos inquietos, la voz suena entrecortada, y, para colmo, suda copiosamente; evidentemente este hombre muestra una total y absoluta *incongruencia* entre lo que dice y lo que manifiesta. Este planteamiento se sustenta sobre la base de que en la comunicación humana no sólo transmitimos con las palabras, como mucha gente cree equivocadamente, sino que también lo hacemos con todo el cuerpo (gestos, olores, cambios de color de la piel, etc.) Y aún más, de las palabras que decimos lo que menos se nos queda son los contenidos o significados de las mismas, lo que realmente nos afecta es su entonación, el énfasis, su cadencia y, por supuesto, la gesticulación.

La palabra «cabrón», dicha en tono suave, con una cadencia larga y sin énfasis ninguno, acompañada de una sonrisa, resulta una expresión afectiva. Por el contrario, el mismo vocablo pronunciado en tono áspero, gritando y enfáticamente con gesto hosco, es un insulto.

No hace mucho, en el tribunal de un pequeño pueblo del sur de Estados Unidos, se juzgaba a un «espalda mojada»[5] que no hablaba ni entendía absolutamente nada de inglés. Se le acusaba de haber matado a una persona. Él era totalmente inocente, pero como lo vieron por allí merodeando y mal vestido, el sheriff decidió que debía de ser culpable. El juez, que no hablaba español, intentó interrogarlo sin resultado; ninguno de los dos entendía nada. Entonces el magistrado se acordó de que en el pueblo había un ciudadano que había ido varias veces de vacaciones a México y chapurreaba algo de español, así que lo llamó para que actuara de intérprete.

El día del juicio el juez le dijo al traductor:

—Pregúntele si él ha matado a John.

El traductor se dirigió al acusado:

—Usted ha matado a John —dijo el hombre sin interrogación ninguna.

—¡¡¡¿Que yo he matado a John?!!! —gritó el mexicano.

El intérprete se dirigió al juez y solemnemente tradujo:

—Dice que él ha matado a John.

De nuevo el juez interpeló:

—Pregúntele si lo mató con ese cuchillo.

El traductor dirigiéndose al reo:

—Mató usted a John con ese cuchillo —volvió a decir sin ningún énfasis.

—¡¡¡¿Que yo he matado a John con ese cuchillo?!!!

—Dice que él mató a John con ese cuchillo.

El juez dictó sentencia:

—¡Condenado a la silla eléctrica!

5. «Espalda mojada» es el nombre que reciben los inmigrantes mexicanos sin papeles. El calificativo procede del hecho de que muchos de ellos cruzan andando o a nado el río Grande o Bravo, frontera natural entre México y Estados Unidos.

Hace unos años, para hacer una demostración de lo anteriormente explicado, acompañado de dos alumnos, entré en una camisería muy famosa del centro de Madrid. Yo iba elegantemente vestido. Con aire aristocrático, me dirigí a uno de los estirados dependientes, y con la mejor de mis sonrisas y tono afable le dije:

—Vaya *porquería* de ropa que tienen ustedes aquí.

El dependiente, con una sonrisa aún más amplia que la mía, respondió:

—Estamos encantados de que le guste, estamos aquí para servirle señor.

Efectivamente, el hombre no se había enterado del contenido de mi frase; él respondía a mi lenguaje no verbal de gestos, sonrisa, tono de voz, etc.

Poco después, en la misma calle, entramos en otra boutique de ropa masculina. Esta vez mi frase fue:

—¡¡Me *encantan* las corbatas que tiene en el escaparate!! Pero mi gesticulación y expresión facial eran de enfado y asco, y, mi tono de voz, áspero y agresivo.

El dependiente reaccionó, como era natural, a mi lenguaje no verbal.

—¡Oiga, señor, no le permito que venga aquí de ese modo insultándonos!

Éste tampoco había escuchado el significado de mis palabras, tan sólo respondía, como el anterior, al lenguaje no verbal, que en este caso era de provocación y agravio.

Vayamos ahora a cómo aprender adecuadamente el arte de ver más allá de lo obvio o *calibración*.

¿A qué debemos prestar atención cuando queremos calibrar los cambios que se producen en el lenguaje no verbal de alguien?

Como ya dije, para calibrar adecuadamente se precisa atender a dos momentos diferentes en el tiempo. Estos tiempos pueden ser de inmediatos a distantes. Uno de ellos será la referencia inicial y el otro el comparativo. En el caso de una persona que se sonroja, para percatarte de que se ha sonrojado, previamente tienes que haberte dado cuenta de que la piel de sus pómulos estaba normal, y que después de que tú o alguien dijese o hiciese algo al sujeto le cambió el tono de la cara. ¡Una advertencia muy importante! Aquí no valen generalizaciones del tipo: «todo el que tiene sonrojados los pómulos es porque siente vergüenza». Eso no es así; no caigas en ese estúpido error, ya que tiraría por tierra tu aprendizaje de mago. Mucha gente, por problemas cardíacos o fragilidad capilar, muestran un cutis enrojecido permanentemente. Éste es el motivo por el que necesitas tener referencias temporales de su fisiología para poder comparar e identificar que ha ocurrido algo que ha hecho que en la persona se haya manifestado determinada alteración fisiológica.

Hay ciertas partes en el cuerpo humano que muestran con mayor claridad los cambios internos que se producen, y es a esas partes a las que debemos prestar atención y observar con precisión. Otra indicación previa al respecto es que la percepción debe realizarse con el mayor número de órganos sensoriales posible. Comúnmente, la gente cree que basta con la apreciación visual (ver, la vista), y no es así; un mago o maga debe acostumbrarse a utilizar todos sus canales de percepción: vista, oído, cinestesia (el tacto), y el olfato, e incluso en ocasiones el gusto (paladar), ya que la suma de todos ellos nos proporcionará una óptima precisión en el cambio detectado.

Por tanto, en el momento de *calibrar* atenderemos a:

1. Percepción visual (por medio de la vista).
   — Cómo es la respiración:

Torácica, abdominal o clavicular.

Profunda, media, superficial.

Rápida, media, lenta.
- — Ojos:

   Dirección en la que se mueven.

   Cómo es el parpadeo: normal o rápido.

   Dilatación o contracción de las pupilas.

   Humedad del globo ocular: lagrimeo, sequedad.

   Color del globo ocular: blanco, amarillento, irritación.
- — Cambio en el volumen de los labios (sobre todo el labio inferior, que incrementa el volumen según el estado de la persona).
- — Grado de humedad cutánea: transpiración, sequedad.
- — Cuerpo en general:

   Tono muscular: relajación, tensión.

   Posición y movimiento: brazos, piernas, manos, pies, cabeza y hombros.

   Tics, gestos, arrugas, y otros movimientos corporales inconscientes.

2. Percepción auditiva (por medio del oído):
   - — Velocidad del habla: rápida, lenta o pausada, normal.

      Volumen del habla: gritando, susurrando, media.

      Timbre de la voz: agudo, grave, medio.

      Énfasis, modulación, etc.

3. Percepción quinestésica (utilizando el tacto o la vista):
   - — Temperatura de la piel.

      Humedad de la piel: sudoración/sequedad.

      Tensión muscular: distensión/tensión.

4. Percepción olfativa (empleando el olfato):
   - — Detección de olores corporales: perfumes, sudor, alcohol, tabaco, etc.

Arrugas de la frente y entrecejo

Parpadeo
Dilatación de las pupilas y color del globo ocular

Coloración de la piel

Cambio en el volumen labios, sequedad o humedad
Contracción de los músculos de la boca

Contracción/distensión de la barbilla

Fig. 1. Detalles a calibrar en el rostro.

Observa las figuras que se muestran, en las que aparecen el rostro y el cuerpo y estudia las zonas señaladas, que son aquellas a las que has de prestar la máxima atención, ya que son las que te permitirán identificar los cambios o alteraciones fisiológicas que se producen en la persona.

En cuanto a la percepción auditiva, es necesario agudizar el oído para que te acostumbres a detectar los cambios de timbre, velocidad y volumen, por mínimos que sean.

Para que adquieras la pericia en esta habilidad de la *calibración* te propongo como preparación la siguiente práctica.

Lo primero que tienes que hacer una vez que decidas iniciar este entrenamiento es fijar un momento del día en el que puedas disponer de 20-30 minutos para dedicarte a esta actividad. Es necesario que lo hagas durante 10 días seguidos.

Encuentra un lugar concreto al que puedas ir con facilidad y en el que puedas observar cómodamente a la gente (cafetería, restaurante, pub, aeropuerto, parque de atracciones, etc.).

Posición de la cabeza
Posición del cuello
Inclinación de hombros
Respiración

Respiración

Posición de manos
Eje de simetría corporal

Posición de piernas y pies

Fig. 2. Detalles a calibrar en el cuerpo.

Consigue unas gafas de sol con cristales oscuros para que nadie pueda percatarse de adónde miras y haz lo siguiente:

Una vez acomodado en el lugar idóneo, toma un bloc de notas y un bolígrafo. Mantente atento y relajado.

Elige a una persona sobre la que vas a realizar tus observaciones y préstale atención durante los primeros minutos 7-10. Aíslate de todos los sonidos y de todas las sensaciones, en especial de los que procedan del sujeto en cuestión.

En el cuaderno, irás anotando los detalles fisiológicos y *paramensajes* de lo que ves en esa persona, atendiendo principalmente a tres de los siguientes puntos:

Posición de la cabeza

Posición del cuello

Inclinación de hombros

Respiración

Respiración

Posición de manos

Eje de simetría corporal

Posición de piernas

Fig. 3. Detalles a calibrar en el cuerpo.

a) Manos de la persona. Movimientos, lateralidad, coordinación, expresividad, etc.
b) Expresión facial: frente, entrecejo, parpadeo, boca, mejillas, cejas, etc.
c) Respiración de la persona: superior, tórax, abdominal, completa, profunda, agitada, entrecortada, etc.
d) Pies y piernas: movimientos, formas de cruzarlas, posiciones, etc.
e) Simetría corporal: relación e inclinación de cabeza, cuello y hombros.

Es conveniente que alternes día a día tu foco de atención a tres aspectos diferentes, y los tres últimos días lo hagas globalmente, es decir, a los cinco apartados indicados.

Cuando lleves calibrando entre 7 y 10 minutos a esa primera persona, cambia a otra con la que realizarás la misma observación que con la anterior, y, cuando transcurran de nuevo 7-10 minutos, pasa a una tercera.

Para cerrar cada sesión diaria, analiza tu propia experiencia de calibrar a esas personas preguntándote: ¿Qué es lo que más me ha costado? ¿Cómo me sentía? ¿Qué he aprendido de la *calibración* hoy?

Cuando concluyas la primera fase del ejercicio, de 10 días, pasa al siguiente nivel. Elige un nuevo lugar y decide el momento de ejecución; sigue los mismos pasos que al comienzo del anterior. Esta vez, durante los 10 primeros minutos, dedícate a observar sólo una parte del cuerpo, es decir, si de la lista de aspectos a observar decides empezar por el rostro, atiende a la zona de la derecha y, a continuación, los comparas con los de la zona izquierda. Por ejemplo, si miras la zona de la derecha de la frente, intenta captar todas las arrugas que se forman, para, a continuación, compararlas con las de la izquierda; lo mismo es aplicable a la comisura de los labios y mejillas. Encuentra los diferentes *paramensajes* que pudiesen estar manifestándose en ese sujeto. Anota las diferencias descubiertas. Durante los 10 minutos siguientes, cambia de persona, pero esta vez no uses la lista; simplemente observa, en esta ocasión sin mirar directamente al sujeto. Para ello, localiza un punto próximo al sujeto a una distancia de aproximadamente un palmo de él donde fijar tu vista desenfocada. Date cuenta de cómo de esa forma eres capaz de percibir todos los movimientos conjuntamente. La observación que quiero que realices ahora, implica darte cuenta de dónde surgen las *incongruencias* en la persona. Dónde hay suavidad o falta de ella y si se producen brusquedades o no. Dedica 10 minutos. Por último, elige una tercera persona, y con el método de observación que practicaste anteriormente descubre cuál es la parte del cuerpo de este nuevo sujeto que expresa más; céntrate en ella e intenta de nuevo descubrir en esa zona la existencia de cualquier *incongruencia* por sutil que parezca. Continúa con esta fase durante 10 días antes de pasar a una nueva práctica.

La siguiente fase de la práctica se centra exclusivamente en la escucha; la anterior era de observación visual y ésta va a ser exclusivamente auditiva.

Decide, igualmente, el tiempo y el lugar; los que utilizaste para el trabajo anterior pueden servirte perfectamente. Una vez que te sitúes, localiza a una persona a la que puedas oír cómodamente sin parecer indiscreto. Escucha con absoluta atención sin desviar ninguna parte de ella a la observación visual. Puedes continuar con las gafas de sol y mantener los ojos cerrados, ya que será incluso mejor.

Ahora prestarás especial atención a tres de los cinco aspectos siguientes durante 10 minutos, al cabo de los cuales cambiarás y proseguirás el mismo tiempo con otro sujeto. Al finalizar analiza tus anotaciones y descubre las incongruencias manifestadas entre los diferentes aspectos de este canal auditivo:

a) Las palabras, predicados verbales, frases y frases hechas más usuales, sentencias y afirmaciones categóricas más frecuentes que usa la persona.
b) Volumen de la voz y alteraciones de la misma.
c) Timbre de voz.
d) Ritmo de la conversación: rápido, lento, cuándo se producen los cambios en el ritmo, sin ritmo.
e) Formas de entonación: cómo termina las frases, cuando cambia la entonación, qué palabras son las que remarca con el tono, etc.

Una vez concluida esta fase pasarás a la ejecución simultánea de las dos partes, la calibración visual y auditiva.

Sitúate en el lugar que hayas escogido de forma que puedas ver y oír a la persona elegida. Empieza calibrando tres zonas corporales lo suficientemente constatables; pasa luego a otras tres auditivas, y, seguidamente, compara las anotaciones en el bloc y analiza las *incongruencias*. Prosigue con el resto de las zonas a calibrar hasta comprobar toda la lista y tener la certeza de que tus calibraciones son las acertadas.

Una vez que esta tarea te resulte cómoda y fácil, pasa a comprobar la relación *congruencia/incongruencia* de los aspectos más significativos en tantas personas como te sea posible.

Estas relaciones *congruencia/incongruencia* son:

- En manos, cabeza y cuerpo:
  - ✓ Exceso o defecto de movimiento en relación con el habla.
  - ✓ Gesticulación asimétrica (más una mano que la otra).
- *Paramensajes* verbales:
  - ✓ Tono, ritmo, volumen, predicados, frases, etc., y su relación con los gestos y posturas marcados por el lado del cuerpo que responde al hemisferio dominante en la persona: si es lógica y calculadora, el hemisferio izquierdo, y, si es creativa e intuitiva, el hemisferio derecho.

Una vez que te hayas familiarizado con la *calibración* y seas capaz de detectar con facilidad los cambios fisiológicos, te recomiendo que practiques el desvelamiento de las «cinco llaves». Se trata de identificar en aquellas personas con las que te relaciones (y te interese saber con absoluta certeza) si te mienten o te dicen la verdad en sus afirmaciones o manifestaciones.

Cualquier individuo muestra un conjunto de microconductas propias para manifestar los acuerdos o las discrepancias, al margen del contenido verbal del mensaje. Es decir, todos y cada uno de nosotros tenemos un conjunto de expresiones inconscientes para manifestar los acuerdos, y otro diferente para las discrepancias. Así pues, una persona puede explicarnos algo falso para engañarnos, es decir, el contenido verbal no se ajusta a la realidad, pero, sin embargo, su fisiología mostrará una absoluta incongruencia, pues aparecerán las señales de la discrepancia. A continuación te propongo un ejercicio de entrenamiento para que desarrolles la habilidad de calibrar las señales no verbales (todos los cambios fisiológicos y vocales, menos las palabras) que te indican afirmación (acuerdo) o negación (discrepancia).

Selecciona a alguien (cuanto menos lo conozcas mejor) con quien puedas practicar. No es necesario que le adviertas de lo que vas a hacer. Es muy importante que te sitúes frente a la persona con el fin de que puedas ver sin dificultad su rostro, cuello, hombros, y tórax. Seguidamente, le harás varias preguntas cuyas respuestas con total certeza sabes que serán afirmativas (acuerdo). Las preguntas han de ser sobre detalles objetivos que observas de él en ese mismo instante.

Supongamos, por ejemplo, que quien tienes delante es una mujer de pelo rubio natural y ojos azules, que viste una camisa roja, una falda blanca, zapatos de tacón rojos, que lleva un collar de fantasía de grandes bolas rojas, pendientes a juego con el collar y también dos sortijas en la mano derecha, una de plata y la otra con una piedra roja, y que de su hombro cuelga un bolso a juego con los zapatos. Bien, a esos detalles objetivos son a los que me refiero, ya que que tanto tú como ella sabéis que son así, de modo que si te refieres a esos complementos su respuesta será inevitablemente afirmativa.

En consecuencia, las preguntas que tendrías que hacer serían del tipo: ¿Tu falda es de color blanco? ¿Llevas dos sortijas en tu mano derecha? ¿Tu camisa es de color rojo? ¿Llevas unos zapatos de tacón?… Y así hasta que descubras todos los micromovimientos: tonos de voz, énfasis, etc., propios del acuerdo. Procura identificar como mínimo ocho de estas «llaves». Ten muy presente que a ti lo que menos te interesa es el contenido de su respuesta (el *sí* que dirá); tú tienes que estar muy atento para calibrar únicamente esos pequeños cambios (al principio casi imperceptibles) que se producen en su fisiología. Por ejemplo: puede ser que el *sí* vaya acompañado con un leve movimiento de sus cejas, o que abra los párpados un poquito más, incline la cabeza hacia delante, haga una pequeña mueca con la boca, retenga un instante la respiración, enderece el torso, o cualquier otro minúsculo movimiento. Ésas son las «llaves» que acompañarían, en este caso, al asentimiento, afirmación o acuerdo. Una vez que hayas conseguido el mayor número de señales no verbales del acuerdo, proseguirás con otra batería de interpelaciones para identificar las «llaves» del desacuerdo o negación. Las preguntas en este caso serán opuestas a las anteriores. Es decir, *obviedades que sepas que la respuesta que dará serán negaciones (discrepancia)*. Por ejemplo: ¿Tu falda es verde? ¿Tu camisa es amarilla? ¿Llevas un collar de perlas? ¿Llevas puestas unas chanclas de playa?, etcétera. Y así hasta que consigas un mismo número de identificaciones. A continuación, elimina las «llaves» coincidentes entre acuerdo y discrepancia y deja cinco diferentes en cada uno de los casos.

Cuando ya conozcas la «cinco llaves» para la discrepancia o negación y las del acuerdo o afirmación, con cualquier pregunta que le hagas a la persona, por secreta o indiscreta que sea, sabrás al instante si te está diciendo la verdad o te está mintiendo con su respuesta. Por ejemplo, si le preguntas: ¿estás casada? (debes suponer que la chica lo está, pero quiere flirtear contigo) te podría responder que *no*, pero aparecerían las «cinco llaves» del *sí*. O, por el contrario, si no está casada, pero te contesta que *sí* porque lo que quiere es que la dejes en paz, también aparecerán las «cinco llaves» correspondientes a la discrepancia (al *no*).

Una vez que domines la *calibración*, podrás leer con absoluta facilidad la «bola de cristal» o cualquier otro artefacto utilizado para la adivinación.

Existen personas que aparentemente están dotadas de una capacidad «paranormal» para leer el interior o el pasado de otra gente, e incluso para adivinar el futuro. Lo único paranormal de estos individuos es su habilidad innata para identificar ciertas señales inconscientes que emiten los sujetos.

La clave de la adivinación reside en el hecho de que las microrrespuestas fisiológicas que emitimos ante cualquier indicación son previas a la respuesta verbal, y, en consecuencia, si sabemos leer esas señales, podremos conocer lo que hay en el interior de cualquier persona o cuáles son sus deseos ocultos.

¿Cómo podemos transformarnos en adivinos?

Sitúate delante del cliente, y, con un instrumento sugestivo entre ambos (bola de cristal, un canto rodado negro, una vasija con agua, etc., es decir, cuanta más parafernalia incluyas mejor), procede del siguiente modo:

Supongamos que viene una señora a consultarte sobre su futuro. Dice que tiene un problema y no sabe qué hacer al respecto. No nos comenta de qué se trata. Éste podría ser un ejemplo de sesión:

Lo primero que tienes que identificar en la persona durante un rato de charla informal son sus «cinco llaves» de acuerdo y las correspondientes de la discrepancia.

Desde un primer momento tu voz ha de ser profunda y suave; habla pausadamente y de forma misteriosa:

—La bruma del cristal comienza a disiparse… está surgiendo una figura difusa e indeterminada… no lo veo claro… puede ser un hombre… (en este momento atiende a las «llaves» del acuerdo o discrepancia. Si aparecen las del acuerdo continúa)... ¡Sí! Es un hombre... aún no se distingue con claridad, pero parece un extraño... (de nuevo observa las «llaves». Supongamos que ahora la fisiología es discrepancia)... ¡No! Ciertamente no es ningún extraño, es alguien familiar, pero su actitud... aunque no se ve del todo bien parece distante... (atiende una vez más a las «llaves»)... da la impresión de que exista algún conflicto entre vosotros... (de nuevo busca en las llaves el acuerdo o la discrepancia)...

Es posible que a estas alturas de la lectura la señora comience a contar detalles de su problema (algo así como...):

—Sí, efectivamente, ése es mi marido. También es cierto que tenemos muchos problemas... ¿Qué más ve?

—No se ve muy claro... pero parece que los problemas no son nuevos... (calibra... si hay acuerdo continúa)... ¡Sí! Ahora está claro... hay algo en el pasado que está enturbiando vuestra relación... hay alguien por medio... la niebla vuelve a surgir... ¿podría ser otra mujer?... (calibra, si hay acuerdo continúa por esa línea, si no, cambia a otro enfoque)... Sí, una mujer que no se distingue bien... alguien con quien tu marido parece muy vinculado...

Otro ejemplo:

Si la persona te ha preguntado sobre su futuro laboral, puedes proceder del siguiente modo:

—Veo una impenetrable cortina de humo... que empieza a disiparse poco a poco... Ahora parece ser que entre el humo emerge una imagen... es poco nítida...

Esto sería algo así como el preámbulo; nunca hables categóricamente, no des detalles, ya que la ambigüedad es clave en este tipo de adivinaciones. Puedes seguir:

—Parece como si existiese una duda sobre qué hacer...

Espera a que muestre alguna de las claves de acuerdo o negación que ya sabes identificar. Si detectas las señales de afirmación, sigue por ese camino; en caso contrario, rectifica inmediatamente:

—¡Sí! Es una duda; tal vez sea un temor al cambio...

Y, de nuevo, aguarda la confirmación o la negación. Llegado este punto, las afirmaciones y las negaciones serán cada vez más evidentes, así que seguirás con tus exposiciones imprecisas buscando sus respuestas.

—Sí, parece que surge algo como un temor a qué hacer...

Calibra la confirmación o negación. Afirma.

—Ahora lo veo claro; surgen entre la bruma nuevas posibilidades... (afirma) algo así cómo indecisión ante una oferta... (afirma)... ¡Sí! Es una nueva oferta de trabajo... (afirma)...

Ésta sería la forma de proceder. Lo único que tienes que hacer es estar muy atento a las manifestaciones no verbales que el sujeto muestra cuando tú insinúas algo. Es muy importante para que tu credibilidad como «adivino» no se vea dañada que no adelantes juicios ni afirmaciones categóricas hasta que no tengas la certeza, por medio de la *calibración*, de que la línea de planteamiento que sigues es la correcta. No olvides que el éxito en ver más allá de lo obvio se encuentra en el desarrollo de tu habilidad como calibrador preciso.

LOS TRES HOMBRES PERCEPTIVOS

Cierta vez existieron tres derviches tan observadores y experimentados acerca de la vida que llegaron a ser conocidos como «los tres hombres perceptivos».

En una ocasión, durante uno de sus viajes, se encontraron a un camellero que les preguntó:

—¿Habéis visto mi camello? Lo he perdido.

—¿Es ciego de un ojo? —inquirió el primer hombre perceptivo.

—Sí —dijo el camellero.

—¿Le falta uno de los dientes de delante? —preguntó el segundo perceptivo.

—Sí, sí —respondió el camellero.

—¿Es cojo de una pata? —averiguó el tercer perceptivo.

—Ciertamente —reconoció el camellero.

Los tres perceptivos aconsejaron al buen hombre que caminase en la misma dirección que ellos habían seguido hasta allí, pero en sentido contrario, y lo encontraría. Al pensar que ellos lo habían visto, el camellero se apresuró a seguir su consejo.

Pero no encontró al camello. Se dio prisa entonces en regresar para entrevistarse una vez más con los perceptivos, a fin de que le dijeran qué debía hacer.

Los encontró al atardecer en un lugar donde descansaban.

—¿Carga su camello de un lado miel y del otro maíz? —inquirió el primer perceptivo.

—Sí, sí —respondió el hombre.

—¿Lo monta una mujer embarazada? —preguntó el segundo perceptivo.

—Sí, sí —respondió el camellero.

—Ignoramos dónde está —añadió el tercer perceptivo.

Tras estas preguntas y esta negativa, el camellero llegó al convencimiento de que los tres perceptivos le habían robado su camello, su carga y jinete, y los demandó ante el juez acusándolos de ladrones.

El juez consideró que había razones para desconfiar de ellos, y los detuvo como sospechosos de robo para llevar a cabo las consiguientes diligencias que confirmasen su culpa o los absolviera de ella.

Algo más tarde, el camellero encontró al animal vagando por el campo. Regresó a la corte y pidió que los tres perceptivos fuesen puestos en libertad.

El juez, que no les había dado hasta el momento oportunidad de justificarse, preguntó cómo pudieron saber tanto acerca del camello sin ni siquiera haberlo visto.

—Vimos las huellas de sus pisadas en el camino —comentó el primer perceptivo.

—Una de las marcas era más débil que las demás, por lo que deduje que era cojo —añadió el segundo perceptivo.

—Sólo había mordisqueado los matorrales de un lado del camino, y, por consiguiente, tenía que ser ciego de un ojo —dijo el tercer perceptivo.

—Las hojas estaban rasgadas —continuó el primer perceptivo, lo que indicaba que había perdido un diente.

—Abejas y hormigas, en diferentes lados del camino, se amontonaban sobre algo depositado en él. Vimos que era miel y maíz —explicó el segundo perceptivo.

—También encontramos algunos cabellos humanos tan largos que nos hicieron pensar que eran de mujer. Y estaban precisamente donde alguien había detenido al animal y se había apeado —declaró el tercer perceptivo.

—En el lugar donde la persona se sentó, observamos huellas de las palmas de ambas manos, lo que nos hizo pensar que había tenido que apoyarse, tanto al sentarse como al levantarse, y por ello dedujimos que debía estar embarazada, en un período muy avanzado de gravidez —dijo el primer perceptivo.

—¿Por qué no solicitaron ser oídos por el juez para presentar estos argumentos en defensa propia?

—Porque contamos con que el camellero seguiría buscando y no tardaría en encontrar al animal —repuso de nuevo el primer perceptivo.

—Y que se sentiría lo suficientemente generoso como para reconocer su error y solicitar nuestra libertad —señaló el segundo perceptivo.

—También contamos con la curiosidad natural del juez, que lo llevaría a investigar —expresó el tercer perceptivo.

—Descubrir la verdad por sus propios medios sería más beneficioso para todos que el que insistiéramos en que se nos había tratado con impaciencia —explicó el primer perceptivo.

—Sabemos por experiencia que es mejor que la gente llegue a la verdad a través de lo que piensa por voluntad propia —dijo el segundo perceptivo.

—Ha llegado la hora de que nos marchemos, porque nos espera una labor que debemos llevar a cabo.

Y los sabios siguieron el destino que se habían marcado. Todavía se los encontrará trabajando por los caminos de la Tierra.

Como puedes advertir, todos los elementos, todos los detalles están a nuestro alrededor, lo único que necesitamos es *ver* cuando miramos. El medio que nos rodea está plagado de información precisa y detallada de cuanto ocurre o ha ocurrido, sólo tienes que *estar presente en el aquí y ahora* para identificar los mensajes que están ahí esperando a que tú los leas. Cuando aprendas a leer en las personas, en tu entorno o en las cosas, te resultará muy sencillo. Esto es la auténtica magia adivinatoria, y no lo que venden por ahí en los teléfonos 806 o similares.

Con frecuencia, la gente cree saber lo que sucede en el interior de otras simplemente por haber observado cierto gesto, palabra, tono de voz, etc., es decir, interpretan su significado. Por ejemplo, ven una expresión en el rostro de su interlocutor, y deciden: «¡Está enfadado!» cuando quizá lo único que le sucede es que está sufriendo cualquier dolor o molestia física. Es muy importante que evites estas elucidaciones, pues irán en detrimento del aprendizaje, y no te serviría para el fin que se persigue que es dominar la *calibración*.

En PNL decimos: «No metas tus peces en la pecera del vecino». Con esto queremos decir que evites las lecturas mentales (creerte que sabes lo que piensa la otra persona) y te limites únicamente a observar y comprobar lo que ocurre. Solamente cuando se poseen suficientes términos de referencia es cuando podemos identificar lo que realmente sucede en el interior de la persona en cuestión.

El arte del embrujo

Podríamos decir que el embrujo es el arte de la fascinación, de la atracción y de la seducción, pero, en definitiva, se trata de una técnica con la que establecemos y controlamos estados de simpatía, predisposición y apertura de otras personas hacia nosotros. Es la capacidad de crear y generar una relación empática con cualquier interlocutor, mantenerla y canalizarla según la necesidad y conveniencia. ¿Te imaginas caer bien a todo aquel o aquella a quien tú desees? A esta magia la llamamos técnicamente: *rapport*.

Cuando una conversación o acercamiento entre dos personas está teniendo éxito, ya sea voluntaria y consciente, o involuntaria e inconsciente, existe inevitablemente *rapport*. Seguramente habrás podido apreciar en varias ocasiones cómo dos personas que dialogan amistosamente se mueven sincronizadamente, gesticulan a la vez, y su tono de voz es similar. Esto se debe a que hay espacios mentales comunes que se entrelazan y se ha establecido de forma natural o provocada un estado de empatía. Por el contrario, y esto también lo habrás podido constatar, cuando existe tensión, o simplemente discrepancia entre dos personas, su actitud corporal es manifiestamente dispar, incluso en ocasiones completamente antagónicas.

Pues bien, puedes generar y establecer una buena relación, crear un estado de empatía y compenetración, si creas un *rapport* «artificial» (por decirlo de algún modo).

¿Para qué podemos utilizar el *rapport*?

Como ya he dicho, este arte del embrujo es especialmente eficaz para ganarse la confianza de cualquier interlocutor, desde el allanamiento del terreno en las relaciones laborales, comerciales o políticas, hasta propiciar el enamoramiento, la seducción y la simpatía. Con el *rapport* se facilita la conversación y el intercambio de ideas, resulta sencillo dialogar armó-

Rapport: acoplamiento   *Antirrapport*: desajuste

Fig. 4. Actitudes de *rapport* y *antirraport*.

nicamente y acercarse a otras personas. La intención al generar un buen *rapport* es sintonizar con la persona, acoplarnos a ella, para luego dirigir la relación.

¿Cómo se establece un *rapport* eficaz?

Para sintonizar y acoplarnos a un individuo, debemos atender a todos los aspectos de su comunicación, tanto verbales como no verbales o fisiológicos. Una vez que hemos observado los detalles significativos de su comportamiento (para esto necesitamos de la *calibración*), nuestra tarea es igualar, reflejar, actuar a modo de espejo o sintonizar nuestros movimientos con los de la otra persona. Para obtener un buen contacto-acoplamiento-sintonía se puede acompañar, igualar o «reflejar» cualquier movimiento de la otra persona, ajustando el nuestro hasta movernos con ella. Observa las tres imágenes que siguen para hacerte una idea de cómo se iguala, refleja o emparejan los movimientos de otra persona.

Seguramente, en este punto te surgirá la idea de que la otra persona se dará cuenta y creerá que nos estamos burlando de ella. Ciertamente no es así, sino todo lo contrario, ya que a medida que aumenta la sintonía, la copia de sus movimientos y los

Fig. 5. No entiendo nada.

tonos de voz, la persona se sentirá más a gusto con nosotros, puesto que en su interior, de modo inconsciente, pensará algo así como: «Aquí tengo a alguien como yo, y eso me gusta».

Para establecer un buen *rapport* debes atender a los siguientes detalles que deben identificarse (calibrar) y reflejarse (repetir):

- Ritmo respiratorio.
- Localización respiratoria (abdominal, media o alta).
- Postura corporal.
- Ritmo y velocidad del habla.
- Tono de voz.
- Gestos (expresiones faciales, ademanes).

Una vez obtenida esta información, usarás tu cuerpo para acoplar (reproducir los mismos movimientos) durante el tiempo que sea necesario hasta que tanto tus gestos como los de él (ella) se produzcan al unísono, y luego te centrarás en dirigir. Dirigir es ejecutar movimientos conscientes, para que una vez establecido el *rapport* la persona te siga (que te seguirá) y realice los mismos movimientos que tú. El *rapport* genera una sintonía mental y física que hace que el sujeto quede «enganchado» a ti, de forma que tus movimientos serán casi de inmediato repetidos por él (ella). Es lo que ocurre de forma natural entre aquellas personas que se llevan bien, están en la misma onda o enamoradas: ambas realizan los mismos gestos, idénticas posturas, caminan al mismo ritmo, se interrumpen para decir las mismas palabras, y en algunos casos, transcurridos varios años, hasta terminan pareciéndose físicamente. El *rapport* inducido produce el mismo efecto que la empatía natural, pero, en este caso, alcanzado consciente y deliberadamente.

APRENDER A EMBRUJAR

Para establecer un correcto *rapport*, lo primero que tienes que hacer es calibrar los cambios externos que se producen en el otro. Centra tu atención a las siguientes partes:

- Respiración (ritmo y localización): clavicular, tórax, abdomen. Pausada, agitada, rítmica, entrecortada.
- Tono y movimiento de los músculos faciales: frente, mentón, pómulos, boca, comisura de los labios, venas del cuello, glotis, entrecejo, etc.
- Postura corporal: simetría, orientación. Inclinación y apoyo del cuerpo.
- Forma de apoyarse: dos pies equilibrados, sobre un pie, inquieto, estático, aplomo, etc.
- Expresiones faciales: conjunto de gestos, tics, arrugas, rasgos, etc.
- Inclinación y movimientos de la cabeza: ladeada, equilibrada, movimientos de afirmación o de negación, asentada, suelta, coordinación con el conjunto corporal, etc.
- Ángulo de los hombros: balanceados, torcidos, hacia delante, hacia atrás, encogidos, etc.

- Movimientos y gestos de manos y dedos: cómo las mueve, (las dos o sólo una), dónde las coloca, cómo señala, qué hace con ellas.
- Cualidades vocales: tono, ritmo, volumen, timbre, pausas, etc.
- Predicados verbales: palabras usadas con más frecuencia.

Una vez que te hayas percatado del mayor número posible de peculiaridades de tu interlocutor, procederás al acompañamiento de forma escalonada, del siguiente modo:

1. Acompañarás íntegramente el cuerpo: te ajustarás lo más posible a la postura que tenga la otra persona con la que interactúas.
2. Acompasamiento específico de partes concretas del cuerpo: te acoplarás a movimientos peculiares del otro.
3. Acompañamiento intenso de la parte superior del cuerpo: por ser ésta la zona más visible, tanto en el ámbito del consciente como del inconsciente —que es donde el *rapport* produce su máximo efecto—, buscarás la máxima igualación.
4. Cualidades vocales análogas: procurarás ajustar tu tono al de la otra persona, así como el volumen y la entonación.
5. Expresión facial: atenderás y adoptarás del modo más preciso que puedas, las expresiones faciales del otro.
6. Gestos específicos: repetirás los gestos de tu compañero de forma elegante y correcta en el tiempo, sin dar lugar en ningún momento a malentendidos, suspicacias o burlas.
7. Repetición de frases: memorizarás, y de cuando en cuando, repetirás las mismas frases, con la misma entonación que haya dicho tu interlocutor.
8. *Respiración*: ajustarás tu respiración a la suya.

Ahora, practica para acostumbrarte y que rompas el hielo. Al principio, como ya he comentado, te producirá cierta vergüenza por creer que notan lo que estás haciendo. Te aseguro que si realizas el *rapport* de forma comprometida y profesional —no como un juego o entretenimiento, y mucho menos como una burla—, no sólo pasará desapercibido, sino que verás cómo se te abren muchas puertas que antes permanecían cerradas.

Entrenamiento para el embrujo

Primer día: selecciona a una persona con la que te relaciones frecuentemente a lo largo de la jornada, y que no sea de tu familia (con la familia ya existe un *rapport* natural). Sin advertirle nada respecto al ejercicio que estás realizando, procederás del siguiente modo: cuando estés junto a ella ajusta tu cuerpo globalmente, con la mayor exactitud que te sea posible, y sigue acoplándote a las posturas sucesivas que adopte. Es decir, si se sienta, tú te sientas del mismo modo; si se levanta, tú haces lo mismo; si se mantiene de pie, actúa de la misma manera, procurando poner tu cuerpo siempre en la misma posición. No te preocupes de más cosas por el momento, sólo estate atento a copiar la postura de tu compañero/a.

Segundo día: después de haber pasado toda una jornada reflejando como un espejo, ya tienes asimilada buena parte del trabajo. Ahora, añadirás —con la misma u otra persona distinta— el acompasamiento de ciertos movimientos peculiares: movimientos específicos, gesticulaciones personales, etc.; ese tipo de gestos que son propios de esa persona. Si son muchas las peculiaridades, selecciona las más representativas, y refléjalas.

Tercer día: el trabajo para este día se centrará en la parte del torso y la cabeza del interlocutor/es escogido/s. Olvídate por el momento de las otras partes de su cuerpo, y refleja únicamente esa zona procurando ser lo más fiel e idéntico en todos los movimientos, gestos y ademanes.

Cuarto día: hoy te concentrarás exclusivamente en la voz. Escucha con atención los matices y calidades vocales de tu colaborador secreto. Memoriza su tono, timbre, volumen, cadencia y velocidad. En un primer momento «imítalos» interiormente; cuando creas que ya has captado su «forma sonora», úsala al hablar con él (ella). Sigue con esta práctica todo el día y ve buscando cada vez un ajuste más sutil y preciso.

Quinto día: continúa como ayer, pero hoy tu atención se concentrará en identificar e incorporar a tu lenguaje las frases, tal vez muletillas o palabras, que tu interlocutor repita o enfatice con frecuencia. Escucha y memoriza esas peculiaridades lingüísticas de la otra persona y encájalas en tu conversación. No olvides el acoplamiento vocal aprendido en la anterior jornada (tono, timbre, volumen, cadencia y velocidad del habla).

Sexto día: hoy recapitularás lo practicado y aprendido en los tres primeros días, es decir, reflejando los aspectos significativos del lenguaje no verbal del cuerpo y tórax, añadiendo el *rapport* vocal. Practícalo durante toda la jornada.

Séptimo día: descansa del esfuerzo de ayer, y concéntrate sólo en las expresiones y gestos faciales. Aprende a manejar tus músculos faciales con soltura y fluidez, ajustándolos a los mismos movimientos que inconscientemente él/ella ejecuta. Observa y repite cualquier cambio por minúsculo que sea. Pero es muy importante que seas respetuoso y elegante en tu copia; bajo ningún concepto debes herir la sensibilidad de tu interlocutor. Recuerda que no te estás burlando de tu compañero/a; en este trabajo, la cortesía y el respeto son principios fundamentales y obligatorios. La magia debe estar impregnada de elegancia.

Octavo día: hoy toca igualar la respiración. Observa cómo respira, qué zona es la que utiliza, cuál es su amplitud o rapidez, si se entrecorta o es distendida y continua, etc.; luego ajustarás la tuya a esa conducta. Tal vez éste sea el paso más complicado por la poca atención que se le presta a este factor, por lo que el esfuerzo de observación tendrá que ser mayor. Si necesitas más días para llegar a identificar bien la respiración de los otros, úsalos, ya que es el aspecto de mayor impacto en el *rapport*, y un ajuste correcto equivale posiblemente al perfecto acoplamiento de todo lo demás. Cuando consigas detectar la respiración, trata de acompasarla.

Noveno y décimo días: haz el *rapport* completo, lo más conscientemente posible y durante todo el tiempo que puedas.

Undécimo día: después de tener durante un buen rato establecido un adecuado *rapport*, decide qué movimientos quieres ejecutar para que tu interlocutor te siga.

No olvides que, tan importante como realizar un correcto *rapport*, es adecuarnos al contexto en el que se desarrolla. Con esta práctica concluye tu entrenamiento, que casi con toda seguridad, si la has realizado a conciencia y disciplinadamente, el éxito está asegurado.

Cómo se representa la realidad

Cualquier pensamiento que pase por nuestra mente, cualquier idea que aparezca, cualquier recuerdo que evoquemos o cualquier fantasía que imaginemos, todo ello estará construido como una secuencia ordenada de representaciones procedentes de los órganos de percepción. Esto quiere decir que cualquier representación interna de nuestra experiencia subjetiva y los siguientes procesos de generación de estados tales como capacidades, emociones y recursos, e incluso hasta las reacciones responsables de nuestros actos, se procesan en la mente como cadenas ordenadas de representaciones procedentes del sistema de percepción sensorial. Estos procesos mentales no son más que activaciones de diferentes áreas (visual, auditiva, motora, sensorial) de la corteza cerebral

Uno de los pilares en los que se sustenta la PNL es el modelo del *sistema representacional*. Afirmamos que el ser humano no percibe la realidad tal y como es, sino que lo hace a través de las transformaciones sensoriales que efectúa una vez percibido el impacto de su entorno o construido un pensamiento. Las transformaciones sensoriales a las que nos referimos son las captadas o reproducidas por nuestros órganos sensoriales y las podemos agrupar del siguiente modo: visual (vista-ojos), auditiva (audición-oídos), quinestesia (sensaciones orgánicas-propioceptivas y táctiles), gustativas (gusto-paladar), y olfativas (olfato-nariz). Así pues, declaramos que todas las distinciones que los seres humanos somos capaces de hacer en relación con nuestro mundo interno o /y externo y el comportamiento resultante se pueden representar de manera adecuada a través de nuestros sistemas perceptuales: visual (vista), auditivo (oído), quinestésico (sensación), olfativo (nariz-olfato) y gustativo (gusto). A este conjunto lo denominamos *sistema representacional*.

Como seres humanos, los comportamientos derivan de estrategias mentales que se construyen con determinadas secuencias de los sistemas de percepción, lo que nos permite operar dentro del entorno en el que nos desarrollamos. El modelo de PNL presupone, como veíamos en sus postulados iniciales, que todo lo que conocemos, experimentamos, pensamos y sentimos es fruto de nuestras representaciones internas, o, lo que es lo mismo, del modo en el que construimos la experiencia subjetiva a partir de las percepciones sensoriales trasmitidas por nuestros órganos sensoriales, y que fuera de ello no es posible tener ningún otro tipo de experiencia. Asimismo, afirmamos que estos procesos de percepción —ver, oír, y sentir— los podemos codificar y acercar así su uso para una mayor utilidad. Las bases de este código son las iniciales de cada uno de los sistemas de percepción o modalidades perceptuales:

V: para el visual: vista
A: auditivo: oído
K: quinestesia: sensaciones corporales
O/G: olfativo y gustativo: olores y sabores.

A estas agrupaciones extensas que hacemos de nuestros modos de construir las representaciones internas las llamamos modalidades (modos) del *sistema representacional*. Dicho de otra manera, las modalidades son los paquetes de información según el acceso —canal de percepción— utilizado y que conforman las estructuras de la experiencia subjetiva.

Cada modalidad (visual, auditiva, quinestésica, olfativa/gustativa) forma un complejo sensorial y motor que llega a ser capaz de una respuesta para alguna clase de comportamiento. No es posible, como puedes comprobar tú mismo, estructurar un pensamiento sin que intervenga al menos una de estas modalidades. En todos los casos intervienen si no todas al menos una, ya sea la visual (con imágenes recordadas o creadas), la auditiva (con sonidos, palabras que recordamos o nos decimos internamente en este momento), la quinestésica (sintiendo, percibiendo las sensaciones internas o externas del recuerdo) o incluso la olfativa-gustativa en algunos casos (recordando los olores o sabores de nuestra experiencia de referencia).

En el contexto de la PNL, toda conducta, todo comportamiento, ya sea aprender, realizar cualquier actividad, recordar, decir, hacer algo, comunicarnos y generar cambios, todo ello es el resultado de secuencias de representaciones internas ordenadas sistemáticamente. O, lo que es igual, lo que decimos, hacemos o pensamos es el resultado de combinar diferentes modalidades en un momento dado. Y, por lo visto anteriormente, se puede codificar o simplificar a una secuencia de letras (V/A/K/O/G) encadenadas la una a la otra.

Por ello, afirmamos que cualquier conducta deficiente, una vez reconocida y codificada, es susceptible de cambio. Y lo mismo ocurre con las conductas eficientes, que una vez reconocidas y codificadas son susceptibles de reproducirlas en uno mismo o en otros, ya que entendemos que los seres humanos no operamos directamente sobre la realidad del mundo que estamos experimentando, sino a través de las transformaciones sensoriales que realizamos.

Para nosotros, la «verdad» no es más que una creencia subjetiva, y nada tiene que ver con realidades absolutas y externas de manera general. Cada cultura, cada pueblo difiere de sus vecinos, y lo que para uno es bueno para el de al lado es malo, lo que para unos es verdad, para otros es falsedad, lo que para unos es legal, para otros es punible. De igual modo, la PNL tampoco es la realidad absoluta, sino una metáfora como muchas otras, o también si quieres un modelo, le sirve muy bien al usuario para generar nuevas y más eficaces opciones de conductas útiles y rápidas. Lo importante para nosotros no es que la PNL sea o no una verdad absoluta, lo que realmente nos interesa es si funciona o no funciona, y de hecho, la PNL funciona, y muy bien.

Así pues, cada uno de nosotros construye los pensamientos basándose en el sistema representacional, y también, como cada uno de nosotros somos diferentes de los otros, tenemos preferencias a la hora de utilizar una u otra modalidad del mismo. ¿Qué quiero decir con esto? Que existen personas en las que predomina (aunque sea en determinados momentos) la modalidad visual, en otras la auditiva y en otras la quinestésica. Y que si, al dirigirnos a cada una de ellas no lo hacemos en su lenguaje, parte de la información se perderá. Por ello, anunciaba al inicio de este apartado que un buen mago o comunicador debe hablar tres idiomas: visual, auditivo y quinestésico.

Uno de los fundamentos de nuestro modelo de PNL, posiblemente el más importante, es la identificación y modificación de estrategias (secuencias ordenadas de modalidades), tanto personales como ajenas. Esta parte del libro está enfocada a tratar de obtener, identificar y utilizar estrategias que nos permitan operar dentro y sobre nuestro entorno y generar las modificaciones que deseemos.

El primer paso para poder conocer, organizar y modificar las estrategias es la identificación de cada uno de sus elementos, es decir, de cada una de las partes que la forman: la modalidad correspondiente del sistema representacional y sus enlaces correspondientes. Dado que existe esa conexión directa, cada vez que hay actividad en un órgano sensorial y su correspondiente área hemisférica, ésta se manifiesta igualmente en otros movimientos musculares.

¿Cómo se pueden identificar las estrategias si operan a niveles subconscientes en la mayoría de los casos?

La forma desarrollada para identificar las modalidades utilizadas dentro de una estrategia en determinado momento es a través de lo que llamamos *claves de acceso*.

¿Qué son y cuáles son esas claves de acceso a las modalidades?

A la primera parte de la pregunta diré que se trata de ciertos comportamientos sistematizados que nos permiten, al ejecutar ciertas funciones corporales, afectar a nuestra neurología y de ese modo acceder a una modalidad de nuestro sistema representacional de forma más poderosa o prioritaria que a otra. O también, cuando realizamos ciertos movimientos o microconductos, es señal de que estamos utilizando determinada modalidad del sistema representacional. Por tanto, las claves de acceso serían las señales fisiológicas observables que nos indicarían qué modalidad (visual, auditiva o quinestésica) está utilizando una persona en cada instante.

Imagínate por un momento lo más real posible el modelo y color de tu automóvil. Como supongo que no lo tendrás delante mientras lees, lo único que has tenido que hacer para recordarlo y traer su imagen a la mente ha sido organizar tus sistemas corporales y neuronales para poder recordar esa imagen visual interna del automóvil y que sobresalen de otros sistemas como el auditivo, el quinestésico, etc. Si por el contrario el automóvil está delante, la operación que tendrías que hacer sería distinta y tanto tu cuerpo como tu sistema neurológico actuarían de forma que te permitiera enfocar visualmente al exterior para recibir la experiencia sensorial correspondiente. Si creaste una imagen visual interna, tal vez pudiste observar que para ello debiste desenfocar los ojos momentáneamente y, en ese momento, tanto las letras como el conjunto de lo exterior se hicieron borrosos. Puede que también miraras a otro sitio para recurrir de ese modo a la imagen pretendida, y que miraras hacia arriba. Pudiste incluso no mirar a nada y dejar la mirada perdida o cerrar los ojos. Es posible, no sé si también lo notaste, que tu respiración se modificara sutilmente. Incluso pudiste mover los hombros e inclinarlos hacia delante. Además de otros varios aspectos que te permitieran tener cómodamente acceso a esa imagen pretendida.

Como has podido comprobar, cada secuencia del pensamiento va acompañada de un cambio en la fisiología, pero no sólo eso, sino que generalmente decimos «cómo» pensamos, o lo que es lo mismo, al hablar describimos las sucesiones (modalidades) que utilizamos en cada paso de la estrategia mental. Veamos un ejemplo de lo que digo:

Un profesor acaba de finalizar su charla tras dar una lección magistral.

Profesor: ¿*Veis* lo que he querido que imaginéis?

Alumno 1:   No, yo no he *entendido* lo que ha *dicho*. Todo me *suena* a chino.

Alumno 2:   A mí tampoco me ha *llegado,* me *siento bloqueado.*

Alumno 3:   Pues para mí sus *imágenes* han sido muy *claras* y *diáfanas.*

Analicemos el ejemplo:

- ✓ El alumno 1 utiliza preferentemente el sistema (modalidad) AUDITIVA para su estrategia de comprensión. Como el profesor no ha usado suficientes términos auditivos, «no ha *entendido* lo que ha *dicho*».
- ✓ El alumno 2 maneja preferentemente la modalidad QUINESTÉSICA para esa misma estrategia y, por tanto, «no le *llegan*» las explicaciones por no haber tenido argumentos con términos quinestésicos en la explicación del orador.
- ✓ El alumno 3, que es eminentemente VISUAL en el manejo de su estrategia, tiene «*imágenes* claras y diáfanas», y manifiesta la comprensión debido a que el profesor utilizó un lenguaje visual a la hora de transmitir la información.

Esto nos lleva inexcusablemente a la necesidad de que, como mago en busca del éxito, debes utilizar en tus explicaciones el mismo lenguaje o, más correctamente, un lenguaje que incluya las mismas modalidades representacionales que tenga tu interlocutor. Es decir, si la persona que tienes frente a ti es auditiva, debes decir las cosas utilizando un mayor número de predicados verbales o frases de tipo auditivo; si es quinestésico, predicados o palabras quinestésicas, y si es visual, visuales. O mejor aún, cuando hables, digas o expliques algo a un público numeroso, hazlo tres veces, de tres modos diferentes, uno por modalidad (visual, auditiva y quinestésicamente), ya que así tendrás la certeza de que todos te entienden perfectamente.

Pero, individualmente, ¿cómo puedes saber cuál es la modalidad del sistema representacional más valorada por la otra persona?

Existen diferentes métodos, además de un test (más adelante lo veremos), que permiten identificar la modalidad de mayor uso en cualquier sujeto. Uno de ellos y probablemente el más llamativo es el de los ACCESOS OCULARES.

Antes de proseguir, vamos a realizar un ejercicio para que adviertas los cambios que se producen en tu fisiología al sintonizar con una u otra modalidad de representación.

Tómate un minuto para relajarte un poco y recuerda sensorialmente, entra en contacto con la sensación que tuviste la última vez que te sentiste fuertemente azotado por una tormenta de aire. Procura observar todo lo que ocurre en ti. Hacia dónde van tus ojos, cómo se coloca tu cuerpo, qué ocurre con tu respiración.

Todos esos detalles que hemos podido comprobar son los mecanismos que físicamente utilizamos para ponernos en contacto con una u otra modalidad del sistema representacional. Las iremos estudiando todas ellas empezando por la más llamativa: los movimientos oculares como claves de acceso al sistema representacional.

En el caso de los *accesos oculares*, los movimientos de nuestros ojos son como una palanca de cambio de marcha, que dependiendo de en qué lugar los posicionemos tendremos acceso a una u otra de las diferentes modalidades. Lo que acabamos de decir sirve tanto para nosotros, como para nuestros interlocutores. Si se mira a los ojos de la persona que tenemos enfrente, sabremos qué modalidad está usando más intensamente o reiteradamente.

Estas indicaciones se refieren a los movimientos que todos los seres humanos ejecutamos con los ojos constantemente, y muy especialmente en los momentos en los que nos encontramos procesando información, ya sea para comunicar, comprender, analizar, recordar experiencias, hablar, escuchar, etc.

Los datos se refieren al rostro de nuestro interlocutor, es decir, lo que tienes en el dibujo a tu derecha corresponde a la izquierda de la persona que tienes frente a ti. Así pues, las ubicaciones que se muestran corresponden a:

Vr = Situamos los ojos (miramos) hacia arriba a nuestra izquierda.

Vc = Situamos los ojos (miramos) arriba a nuestra derecha.

Ar = Miramos en dirección al rabillo del ojo a la izquierda.

Ac = Miramos en dirección al rabillo del ojo a la derecha.

K = Situamos nuestros ojos abajo a la derecha.

D.I. = Situamos nuestros ojos abajo a la izquierda.

En el caso de que la persona sea zurda, los accesos suelen estar cambiados.

Como práctica, recomiendo que te acostumbres a observar los movimientos oculares que realizan las personas de tu entorno.

Hay otras claves de acceso o identificación del sistema representacional que vamos a ver a continuación, y que, unidas a las que muestran los movimientos oculares, nos permitirán, con un margen de error mínimo, identificar la modalidad dominante que un individuo está utilizando en cada secuencia de su comunicación o estrategias operativas.

Identificación de accesos oculares

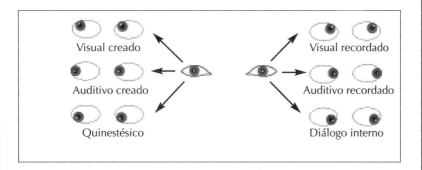

Visual recordado: lo codificamos como Vr
Visual creado o imaginado: lo codificamos como Vc
Auditivo recordado: lo codificamos como Ar
Auditivo creado o imaginado: lo codificamos como Ac
Quinestésico: lo codificamos con una K
Diálogo interno: lo codificamos con D.I.

Otras claves de acceso son:

Las personas que son particularmente visuales, o usan con mayor frecuencia este sistema en un momento dado de su comunicación o construcción de estrategias, muestran los siguientes detalles fisiológicos: hombros altos o los elevan en el momento de utilizar esta modalidad, parpadeo rápido e inquieto, respiración alta, rápida y superficial, e incluso pueden retenerla para observar algo o construir internamente una imagen. En las personas con excesivo dominio de esta modalidad suelen tener una piel pálida, la cabeza inclinada hacia delante y caminan con la punta de los pies, se señalan a los ojos cuando hablan y usan predicados verbales relativos a imágenes y visión. Tienen escasa expresión corporal a excepción de las manos, que son muy móviles, delimitan espacios y señalan hacia arriba.

Las personas que se manejan mentalmente a partir de la modalidad auditiva presentan hombros balanceados y la cabeza suele estar echada hacia atrás como para oír mejor. Poseen un tórax desarrollado. Ejecutan movimientos controlados e intermedios, respiración tranquila, regular y casi siempre torácica. Se señalan al oído y se tocan frecuentemente la boca; usan predicados verbales relativos al habla, decir, y al oído, sonidos, escuchar. Son personas atentas y que no se les escapa ningún sonido siempre que se trate de personas con orientación externa, puesto que si están enfocadas hacia dentro, lo que llamamos «digitales», su atención se encuentra mermada por su continuo diálogo interior.

Los predominantemente quinestésicos suelen mostrar unos hombros bajos y caídos, cabeza firme en los hombros, movimientos lentos, seguros y calmados, gestos fuertes y firmes, pies en la tierra. Son personas que gesticulan hacia sí mismos, se tocan y tocan a los demás, se mueven desde su vientre, relajado (o por lo menos da la sensación de estarlo); hablan despacio y más grave que los otros, tienen una respiración baja, abdominal, tranquila y profunda, y utilizan predicados verbales de sensaciones y de sentir, de materia, de tacto. Otra forma de identificación de las claves de acceso muy importante es a través de los *predicados verbales*. Éstos son verbos, adverbios, sustantivos e incluso frases completas que hacen referencia a las características, calidades o modalidades del sistema representacional.

En el caso de los visuales encontraremos palabras y frases del tipo: ver, observar con los ojos, avistar, echar un vistazo, gráfico, ilusión, mirar por encima del hombro, imaginar, reconocer visualmente, ver más allá de las narices, enfocar, alzar los ojos, a simple vista, perspectiva, ojeada, vislumbrar, esclarecer, claridad, destello, brillo, ilustrar, visualizar, color, tener vista, cegato, prever, panorama, escena, horizonte, en vista de, según se puede ver, etcétera. Y, en general, todo aquello que tenga algo que ver con la visión e imagen.

Aquellos que manejan lo auditivo externo como canal preferente emplean predicados como: escuchar, oír, atender, chillar, poner la oreja, citar, mencionar, prestar oídos, aguzar el oído, barullo, desarmónico, a tono, desafinado, ruidoso, clic, ¡pum!, ¡pumba!, discutir, hablar, resaltar, sonidos, gritar, susurro, en voz baja, estruendo, hacerse el sordo, enmudecer, ni palabra, ni qué decir tiene, atronador, preguntar, mencionar, rítmico, ronroneo, barruntar, cacarear, cantar, etc. Y todo aquello que tenga relación con oír, el sonido y el habla.

En el caso de los auditivos internos, los digitales o de los que dominan el diálogo interior, usarán principalmente palabras y frases de carácter mucho más racional, lógico o abstracto, como pensar, raciocinio, planear, considerar, estudiar, comunicar, obvio, conciso, resumido, lógico, coherente, aprender, aconsejar, conocer, saber, recordar, incógnita, matemático, infinito, indagación, dirigir, indicar, activación, amonestar, dirección, mecánico, anticipar, preparar, decidir, motivar. Y todos aquellos que se refieran a procesos de análisis y lógica.

Respecto a los quinestésicos, advertiremos que abundan palabras relativas a sensaciones tanto internas como externas, emociones y sentimientos, y les escucharemos decir palabras del tipo: sentir, pesado, herida, aspereza, pegar, agarrar, machacar, golpear, digerir, tripas, electrificante, emotivo, rudo, sólido, feliz, tocado, arrastrarse, rozar, tocar, golpear, acogedor, cálido, conmovedor, insensible, despertar, excitar, mover, sostener, tragar, meter, estrés, dolor, mordisco, a flor de piel, corazón, sensible, espina, temblar, presionar, estremecerse, etc.

Muchos individuos tienden a valorar y usar una modalidad antes que otras para llevar a cabo sus estrategias u operaciones, lo que se denomina en PNL «modalidad del sistema representacional más altamente valorada» o «modalidad dominante». Esto no quiere decir que el resto de las modalidades se encuentren excluidas, sino que cuando arranca una estrategia mental, o se tiene que seleccionar una modalidad, se escoge siempre la más apreciada.

Imaginémonos que soy un vendedor a automóviles y viene un comprador quinestésico que me dice:

—Necesito un vehículo *confortable, cómodo* y *seguro*. *Hago muchos kilómetros* y no quiero *cansarme*, pues la *fatiga* es unos de mis peores enemigos cuando tomo el volante.

Si yo utilizo preferentemente la modalidad visual, y no presto atención a la usada por el cliente, hablaría más o menos así:

—Vamos a ver las *bellezas* que tenemos. *Mire* ese modelo; su línea es del más avanzado *diseño* y su *gama de colores* es de rabiosa actualidad, es la *imagen* de prestigio que usted necesita…

¿Crees que el potencial comprador llegaría acaso a interesarse por ese vehículo? ¿Verdad que no?

Fíjate en lo diferente que sería una argumentación en los mismos términos quinestésicos expresados por el cliente.

—*Me doy cuenta de su necesidad*; este modelo que tiene ahí le proporciona todo lo que usted necesita. *Sensación de seguridad, confort,* y *robustez*. La *estructura* y *calidad de todos sus componentes* le proporcionan esa *comodidad* tan necesaria, para que sus viajes sean *cómodos* y *seguros*…

Cada individuo con una modalidad altamente valorada muy arraigada selecciona la información casi exclusivamente por su canal preferido, y lo que le llega por cualquier otro es rechazado o no reconocido. Date cuenta de la importancia que para un buen embrujo, ya sea en gestión comercial, relaciones personales, o lo que sea, tiene este aspecto comunicacional.

Para un buen mago es imprescindible desarrollar la habilidad de detectar, casi desde el inicio de una conversación, la o las modalidades que dominan en nuestros interlocutores, para así establecer un *rapport* mucho más preciso que conduzca a una relación eficaz y productiva.

No es frecuente, aunque se dan muchos casos, que las personas utilicen exclusivamente una modalidad, por ello debemos conocer, en primer lugar, cuál o cuáles son nuestras dominantes, y trabajar para equilibrarlas. Para ello utilizaremos un test muy conocido en el ámbito de la PNL, que nos facilita con bastante exactitud las características representacionales de cualquier individuo.

TEST DE RECONOCIMIENTO DE LA MODALIDAD MÁS VALORADA

Para completarlo, responde a cada una de las siguientes afirmaciones, y adjudica una valoración de 4 puntos en la frase que mejor te describa o se ajuste a tu modo de pensar. Pon un 3 en la frase que sin ser tan exacta como la anterior, también te describa. Un 2 en aquella que utilizas algunas veces. Por último, un 1 en la que rara vez uses y en la que peor encaje contigo. Una vez puntuadas todas ellas, proseguiremos en la evaluación.

Empecemos:

1. Yo tomo mis decisiones importantes basándome en…
   - …las sensaciones del momento.
   - …lo que me suena mejor.
   - …lo que mejor me parece a la vista.
   - …un preciso y diligente estudio del caso.

2. Durante una discusión, yo tiendo a sentirme más influenciado por…
   - …el tono de voz de las otras personas.
   - …la lógica del argumento que se expone.
   - …el punto de vista de la otra persona comparado con el mío.
   - …si siento o no que estoy en contacto con los verdaderos sentimientos de la otra persona.

3. Yo puedo comunicar más fácilmente lo que me sucede mediante…
   - …mi forma de vestir.
   - …los sentimientos que comparto.
   - …las palabras precisas que elijo para expresarme.
   - …mi tono de voz.

4. Me es fácil…
   - …encontrar el volumen y el tono ideal de un equipo estéreo.
   - …seleccionar los puntos más relevantes intelectualmente que interesan a las otras personas.
   - …seleccionar los muebles más cómodos y confortables.
   - …decorar una habitación con ricas combinaciones de colores.

5. Yo soy…
   - …de los que se acoplan muy bien con los sonidos de mi entorno.
   - …muy proclive a dar sentido a los hechos y datos nuevos.
   - …muy sensible a la calidad de los tejidos que uso para vestir y cómo los siento en mi cuerpo.

- ...de los que, cuando llego a un lugar, lo que primero veo son los colores con los que está decorado y el efecto que producen en mí.

Calificación del test:

Pasa los valores que has adjudicado en cada uno de los bloques de frases (1, 2, 3, 4 y 5), y, en el mismo orden que están, a los bloques y líneas que tienes más abajo.

1 _____ K	2 _____ A	3 _____
_____ A	_____ D.L.	_____
_____ V	_____ V	_____
_____ D.L.	_____ K	_____

4 _____ A	5 _____ A
_____ D.L.	_____ D.L.
_____ K	_____ K
_____ V	_____ V

A continuación, pasa todos los valores V a la columna correspondiente del cuadro de más abajo, las A a la suya, las K y las D.I., y, por último, suma. El resultado y la valoración total de los marcadores indican la preferencia relativa (jerarquía) para cada una de las modalidades del sistema representacional.

S.R.	V	K	A	D.I.
1				
2				
3				
4				
5				
Total				

Una vez identificada la distribución en el uso de tus modalidades, podrás realizar trabajos tendentes al restablecer un equilibrio y prestar más atención al uso de aquella modalidad que utilices menos.

3

Los sortilegios

La palabra tiene una forma, un sonido
específico y una realidad física. Todo lo
que posee una palabra tiene un equivalente
físico. Todos los pensamientos tienen
una acción.

Mewlana Jalalundi Rumi

Más allá de las palabras

El lenguaje es, sin duda, lo que más nos diferencia de otras especies terrestres. La capacidad que los seres humanos hemos desarrollado para articular palabras, relacionarlas con los objetos y construir frases que signifiquen aquello que queremos comunicar podría ser una definición de lo que es el lenguaje.

A lo largo de la historia, el hombre se ha esforzado por comprender la conducta humana, a pesar de que ésta sea tremendamente compleja, pero el hecho de que el comportamiento humano sea complejo no excluye que tenga una estructura, y que ésta no esté regida por reglas. El hecho de que tenga reglas no indica que éstas sean rígidas y que condicionen el comportamiento.

De todas las formas de manifestación de las conductas humanas, lo que más se ha estudiado ha sido la estructura del lenguaje, y éste es el modelo más representativo de nuestra experiencia, a pesar de que el contenido digital del mismo sólo representa el 7% de la comunicación entre humanos. Con el lenguaje no sólo nos comunicamos con los demás de nuestra especie, sino también con nosotros mismos.

La circunstancia de que el lenguaje tenga una estructura y reglas comprensibles —y, por tanto, manejables— lo convierte en una herramienta altamente precisa y operativa, de la que podemos valernos tanto para profundizar en la comprensión de nosotros mismos y de los demás, como para realizar cambios o modificaciones en las estructuras profundas de las personas, y por supuesto, para conocer su realidad interior.

Existe un nexo entre fisiología (comportamiento) y lenguaje. Es decir, cuando nos comunicamos, no sólo lo hacemos con la palabra, sino también con todo el cuerpo. Así pues, las estrategias que utilizamos para nuestros comportamientos surgirán natural y espontáneamente durante una conversación, charla o discurso. A partir de aquí, la PNL ha creado un modelo lingüístico útil y esclarecedor para sacar a la luz esa estructura profunda que es la que opera y dirige las acciones de cualquier individuo. A este modelo le hemos llamado *metamodelo del lenguaje*.

La herramienta del metamodelo del lenguaje o metalenguaje fue el producto del modelado que los creadores de la PNL llevaron a cabo tras un sistemático estudio, análisis y estructuración de las pautas y métodos utilizados en sus trabajos de comunicación por los grandes magos de la psicoterapia en este siglo, tales como Fritz Perls, Virginia Satir y Milton H. Erickson, entre otros.

El metalenguaje de la PNL aporta un conjunto de técnicas interrogativas, basadas en la comunicación verbal del cliente o interlocutor, con las que se consigue una rápida y mejor comprensión del mensaje que el sujeto pretende trasmitir, u oculta. También facilita las claves verbales con las que poder iniciar los cambios, transformaciones, motivaciones, etc., en individuos u organizaciones, y una capacidad y estrategias verbales para acceder a la estructura profunda del sujeto a fin de identificar y eliminar la raíz de los problemas que se detecten.

Como hemos visto hasta ahora, la experiencia humana y la percepción del mundo exterior son procesos subjetivos que nos llevan a construir nuestro particular modelo o mapa de la realidad. Con las palabras podemos representar las experiencias vividas por cualquier sistema representacional, o, dicho de otro modo, con el lenguaje describimos aquello que tenemos archivado en nuestra mente. Sin embargo, tal descripción en raras ocasiones se corresponde con los hechos vividos, ya que, desde que se produce un evento objetivo hasta su transformación en experiencia subjetiva o *mapa* —memorización o recuerdo—, el proceso transita por una serie de limitantes o filtros que distorsionan la realidad.

Entre los limitantes o filtros más destacados están los neurológicos, que resultan de compleja localización por personas no expertas, ya que su manifestación es inconsciente tanto en la construcción lingüística como mental. Éstas las podemos clasificar en tres grandes grupos, a saber:

a) Generalizaciones: procesos mediante los cuales algunos elementos de los modelos con los que la persona construye sus estructuras lingüísticas dependen de la experiencia original y llegan a representar la categoría total. De una porción hacemos un todo.

b) Eliminaciones: merced a estos filtros, prestamos atención de forma selectiva a ciertas dimensiones de nuestras experiencias, al mismo tiempo que excluimos otras. Es como si sólo prestásemos atención a lo que nos beneficia.

c) Distorsiones: aquí lo que realizamos son cambios en nuestras experiencias de los datos sensoriales que percibimos al vivir cualquier hecho. O, lo que sería lo mismo, tergiversamos la realidad según nuestra conveniencia.

Con el metamodelo de lenguaje, lo que pretendemos es identificar los citados filtros (generalizaciones, distorsiones y eliminaciones) desenmascarando los errores lingüísticos o transgresiones del lenguaje que el sujeto comete en su expresión, y la consiguiente conexión con el contenido original o motivo de la transgresión cometida.

Así pues, con el uso del metamodelo de lenguaje podemos:

1. Encontrar la información perdida en el proceso de derivación desde la estructura profunda (hechos originales) hasta la estructura de superficie. Es decir, recuperar las partes que se han eliminado desde el pensamiento profundo hasta su verbalización.
2. Determinar e identificar las distorsiones, eliminaciones o generalizaciones que la persona introduce como limitantes en su modelo del mundo —su mapa.
3. Descubrir y evidenciar las limitaciones del mapa de cualquier hablante. Hacer que el interlocutor que se percate de sus propias derivaciones (generalizaciones, eliminaciones y distorsiones), que le están provocando una comprensión errónea de la realidad.
4. Volver a conectar a la persona con su experiencia primaria y con el territorio de donde toma la experiencia, o saber cuáles podrían ser los hechos reales y obrar en consecuencia. aunque el sujeto no quiera o no pueda identificarlos.

Para descubrir tales limitaciones disponemos del conocimiento que nos aporta el hecho de que «hablamos como pensamos», y, por tanto, lo que se dice es un reflejo del contenido de nuestras estructuras profundas de pensamiento; por tanto, lo que tienes que conseguir es desarrollar la habilidad para identificar las transgresiones. El primer paso en este aprendizaje es conocer las distintas formas en las que se expresa cada una de las limitantes, es decir, cómo identificar las transgresiones a través de lo que escuchamos de cualquier persona. Veamos, pues, cada uno de los filtros y cómo surgen en la conversación:

LAS GENERALIZACIONES

Como he explicado, marcan los límites del modelo del hablante. Son procesos mediante los cuales algunos elementos de los modelos de la persona se desprenden de las experiencias generales y llegan a representar la categoría total. Es como si una pequeñísima porción de un hecho fuera transformada en algo absoluto y total. Algo así: «La comida de hoy me ha sentado mal, luego todas las comidas me hacen daño». Esta limitante se subdivide y se manifiesta de las siguientes formas:

- Cuantificadores universales:
  Palabras que indican la extensión de la generalización: Todo, nadie, los…, las…, ninguno, etc.
  Las palabras que siguen son algunos ejemplos de ellos. Cuando se las escuches decir a alguien, ten en cuenta que es (salvo raras excepciones) una *transgresión* del modelo de hablar bien, ya que lo absoluto es inexistente. La segunda columna que se escribe en cursiva y con interrogación es la forma de preguntar que rompería o desafiaría la validez de la universalización (generalización) dicha, lo que provoca en el sujeto que la emitió una reflexión y corrección del contenido de la generalización.

Todos…	*¿Todos?*	Siempre…	*¿Siempre?*
Nunca…	*¿Nunca?*	Cada uno…	*¿Cada uno?*
Ninguno…	*¿Ninguno?*	Cada vez que…	*¿Cada vez?*
Para siempre…	*¿Para siempre?*	Ningún sitio…	*¿Ningún sitio?*
Ninguna cosa…	*¿Ninguna cosa?*	Ninguna persona	*¿Ninguna?*

• Operadores modales:

Palabras que constituyen una obligación sin excepciones que limita al sujeto. Se presentan, a su vez, de dos modos, uno de posibilidad: no puedo, no consigo, es imposible, etc., y el otro de necesidad: debo, no debo, necesito, he de…, tengo que, etc.

Los desafíos que se establecen son del mismo tipo que las preguntas escritas en cursiva.

No puedo…	*¿Qué te lo impide?*
No podría…	*¿Qué te lo impide?*
No debo…	*¿Qué sucedería si lo hicieras?*
No debería…	*¿Qué sucedería si lo hicieras?*
Tengo que…	*¿Qué sucedería si no lo haces?*
Necesariamente he de…	*¿Qué sucedería si no lo haces?*

Cuando la persona que ha expresado una transgresión de operador modal escucha la pregunta desafío, comienza una búsqueda profunda para encontrar respuestas alternativas, o para manifestar la realidad de su limitación.

En el ámbito empresarial o de relaciones personales es muy frecuente escuchar justificaciones u órdenes que contienen operadores modales; si respondes con la pregunta desafío, conseguirás aclarar muchas situaciones equívocas o mal interpretadas.

- Presuposiciones:

Afirmaciones que dan por supuesto algo general que constituye un supuesto previo, es decir, que no es real, sino que el hablante lo da como tal.

«Si me comprendiera, no me trataría así.»

En esta afirmación el que se expresa afirma que su interlocutor no lo comprende, o, lo que es lo mismo, cree saber lo que ocurre en el interior del otro, o cuando menos afirma que al no compartir su forma de pensar, la otra persona no lo comprende.

¿Cómo sabes que no te comprende?

¿Qué tiene que comprender?

Serían formas de desafiar los argumentos inconsistentes de presuposición que manifiesta el hablante.

«Si se hace el loco, que no espere que le hable.»

En este otro caso, presupone que todos los que escuchan comparten el mismo concepto de locura o de hacer de los locos. El desafío podría ser:

¿Cómo hacen los locos?

ELIMINACIONES

Proceso mediante el cual prestamos atención de forma selectiva a ciertas dimensiones de nuestra experiencia, al mismo tiempo que eliminamos otras. En este caso se excluye parte del contenido de la información. Ésta, como las anteriores derivaciones, se lleva a cabo de forma inconsciente, sin que el sujeto hablante se dé cuenta conscientemente de que está cometiendo este tipo de transgresión.

Se subdivide en:

- Omisión simple:

Parte del material informativo se ha eliminado de la frase. El sujeto hablante suprime u omite contenidos que son decisivos para comprender el significado, ya que en caso contrario el oyente interpreta según su propia experiencia subjetiva. El objetivo, en este caso, es recuperar la información excluida. El modo de rescatar las ausencias es preguntar acerca de ello. Veamos algunas frases con transgresión y sus correspondientes desafíos (en cursiva).

—Ya estoy más preparado…   *¿Más que quién?*
                                       ¿Para qué?
                                       ¿Más preparado que cuándo?
—Soy incapaz…   *¿Incapaz de qué?*
                                         ¿Incapaz para qué?
—No me respetan…   *¿Quién no te respeta?*
                                       ¿Cómo no te respetan?

• Omisión comparativa:

Se presenta cuando se realizan comparaciones sin referencia a la otra parte comparada. La persona emite juicios comparativos sin reseñar a lo contrapuesto utilizando valoraciones del tipo: mejor-peor, difícil-fácil, bueno-malo, más-menos, etcétera.

Al desafiar con las preguntas, haces que aflore la otra parte de la comparación no explicitada hasta ese momento. Esto sirve para evitar que el interlocutor emita estimaciones irrebatibles sin valor real.

Es mejor no decir nada   *¿Mejor que qué, específicamente?*
Eso peor para ti   *¿Peor que qué?*
Esto es mucho más difícil   *¿Más difícil que qué?*
Si te pones a ello te será más fácil *¿Más fácil que qué?*
Él es más bueno   *¿Más bueno que qué?*
                                   ¿Más bueno para qué?
                                   ¿Más bueno que quién?

Falta de referencia

Cuando se habla sin mencionar hechos, personas o cosas específicas o sin identificación referencial, el sujeto hace referencia a una persona, lugar o cosa sin explicarla concretamente. Aquí, al preguntar pretendemos que se clarifique y se verbalice a quién se refiere o a qué hace referencia para evitar interpretaciones o confusiones.

Veamos algunas frases que contienen esta transgresión de falta de referencia, y el tipo de preguntas que convendría hacer:

Los acontecimientos me han hecho cambiar de idea.

¿Qué acontecimientos específicamente?
¿A qué idea te refieres específicamente?

Debería hacer alguna cosa	*¿Qué cosa específicamente?*
Los comentarios me molestan	*¿Qué comentarios específicamente?*
La gente es torpe	*¿Qué gente específicamente?*
Las cosas no marchan bien	*¿Qué cosas específicamente?*
Esta situación es insoportable	*¿Qué situación específicamente?*

- Verbos específicos

El comunicante utiliza verbos que no clarifican el significado de la frase acerca de dónde, cuándo o con quién. En el «pobre» lenguaje que muchas personas usan actualmente, se emplean verbos que no significan nada, o no dan un sentido real a la frase ni clarifican el significado real de lo que quieren decir. Este tipo de transgresión, si no es desafiada conduce a una comunicación deficiente, absurda, carente de sentido y empobrecedora.

Me lo voy a montar	*¿Vas a montarte qué?*
Esto me encanta	*¿Cómo quedas encantada?*
A Carlos no se le puede tocar	*¿Tocar cómo?*
No quiero herir sus sentimientos	*¿Cómo le hieres?*
Hay que acercarse al objetivo	*¿Acercarse hasta dónde?*

LAS DISTORSIONES

Este filtro de la realidad trata de las deformaciones semánticas. Al usar estas transgresiones del lenguaje bien hablado, el sujeto realiza cambios en la experiencia real, lo que modifica los datos sensoriales percibidos. Es decir, transforma, distorsiona o manipula la realidad para adaptarla a su conveniencia. Esta anomalía lingüística se divide en los tipos siguientes:

- Normalización

Existe este tipo de distorsión cuando en el lenguaje un verbo se transforma en sustantivo. Un verbo es siempre una acción en curso, mientras que, cuando se nominaliza (o cosifica), lo que antes era algo que tenía tiempos se transforma en un hecho consumado. Esta distorsión conlleva un bloqueo de las acciones del sujeto, es decir, el acto no tiene solución, se ha transformado en una cosa inamovible. El desafío consiste en hacer que el sujeto vuelva a utilizar el verbo activo para salir del estancamiento que supone el hecho consumado.

Veamos algunos ejemplos (aquí la palabra en cursiva es la nominalización y subrayamos el desafío):

Tengo *depresión*	¿Qué es lo que te *deprime*?
Lo que necesitas es *experiencia*	¿Qué es lo que necesito *experimentar*?
En esta empresa no hay *respeto*	¿A quién no *se respeta*?
¿De qué forma no *se respeta*?	
El *problema* me bloquea	¿Qué es lo que te *preocupa* (*problematiza*)?
Esta *vida* no tiene sentido	¿Qué es lo que *estás viviendo*?
El *temor* me paraliza	¿Qué es lo que *temes*?

- Modelo causa-efecto

Se presenta esta transgresión cuando la persona cree que un estímulo determinado causa una experiencia específica sin que guarden relación. X —> Y. Son afirmaciones que unen dos o varias situaciones de causa-efecto sin que tengan conexión real. El objetivo del metamodelo en este caso sería desarmar la estructura de relación incorrecta de causa-efecto.

Ejemplos (la cursiva es el *desafío*):
El tono de su voz me irrita
¿Cómo específicamente hace su voz para irritarte?
Cuando lo veo, me pongo mala
¿Quieres decir que el solo hecho de verlo te enferma?
Cuando me mira, tiemblo
¿Qué hay en su mirada que te haga temblar?

• Lectura mental
Se produce este tipo de transgresión cuando el hablante asume que sabe lo que otra persona piensa, siente, etc. Se trata de expresiones que revelan que el sujeto «desentraña» pensamientos y estados internos de otras personas; es como jugar a ser adivino.
Ejemplo:

Conozco tus intenciones…	*¿Cuáles son mis intenciones?*
Sé muy bien lo que estás pensando	*¿Qué es lo que pienso?*
Ya sé que no me cree	*¿Cómo lo sabes?*
Ya sé lo que me vas a decir	*¿Cómo lo sabes si aún no lo he dicho?*

• Equivalencia compleja
El sujeto construye absurdas relaciones de causa-efecto basadas en la creencia de que siempre los resultados son los mismos: X = Y. Cuando dos experiencias diferentes se unen como teniendo el mismo significado.
Cuanto más me quiere, más estúpido se vuelve

¿Cómo específicamente hace que al quererte se vuelva estúpido?
Él ve los partidos todos los domingos: él no me quiere
¿Cómo específicamente ver fútbol significa que no te quiera?

- Pérdida de concreción

La persona hace afirmaciones de valor u opina sobre algo que no se especifica. Enunciados que dan por supuesto cualquier hecho, circunstancia, o teoría que no se manifiesta explícitamente:

No está bien discutir con la gente
¿Quién dice que no está bien?
Evidentemente, las películas de Woody Allen son una lata
¿Eso según quién?
Los científicos afirman que el planeta se muere
¿Qué científicos afirman eso?
Es bueno ser vegetariano
¿Según quién?

Conocer los diferentes modos de distorsionar y sus formas de manifestación lingüística no es suficiente para poder hacer un adecuado uso de esta habilidad comunicativa. Manejar correctamente el metamodelo en conversación, utilizarlo elegantemente y sin agresiones de ningún tipo requiere tener presente varios factores:

- ✓ Lo primero y fundamental es establecer un buen *rapport*.
- ✓ Segundo, dentro de ese adecuado *rapport*, usar un conveniente tono de voz y un agradable tempo de habla, ajustándonos al máximo a los del interlocutor.
- ✓ Tercero, mucho cuidado con el hecho de precipitarse; has de estar atento, pero sin apurarte. Tómate tu tiempo sin perderlo. Procura en todo momento mantener tu estado de relajación.

✓ Cuarto, procura no ser brusco en tus interpelaciones. No lances las preguntas desafío del metamodelo a «bocajarro». Usa los suavizadores para conducir las preguntas, como:
  • Yo me pregunto si…
  • Usted me podría decir si…
  • Me gustaría saber…
✓ Quinto, de tiempo en tiempo, durante la conversación es muy conveniente que repitas las palabras de tu interlocutor después de que las pronuncie, antes de introducir las preguntas del metamodelo.
✓ Sexto, si el sujeto no sabe por dónde empezar, ofrécele un «menú», pero solamente si se dan las condiciones siguientes:
  • Cuando exista un silencio largo antes de que el sujeto intente hablar.
  • Si detectas por el *feedback* del comportamiento no verbal que no tiene representación mental de lo que van a decir a continuación.
  • Siempre que él o ella parezcan estar sumidos en un estado de confusión.
✓ Séptimo, utiliza las preguntas de desafío suavizadas de forma que tu interlocutor no pueda sentirse atacado. Calibra constantemente las respuestas no verbales que se producen para actuar en consecuencia.
✓ Octavo, utiliza en caso de resistencia frases del modelo Milton del tipo: «Yo no sé si querrás contestarme a esto ahora o tal vez prefieras hacerlo dentro de un instante o dos». «No sé si estás dispuesto a responder en este instante, o lo quieras dejar para dentro de unos minutos», «Tal vez contestes mejor después de reflexionar mientras te comento esto».

PALABRAS DE PODER

> Las metáforas quizás sean una de las
> potencialidades más fructíferas del hombre.
> Su eficacia raya en lo mágico, y parece una
> herramienta para la creación que Dios olvidó
> dentro de una de sus criaturas cuando la creó.
>
> JOSÉ ORTEGA Y GASSET

Hasta este momento, hemos tratado de los componentes mágicos de la comunicación y de los procesos mentales que se desarrollan a partir de la misma. Ahora le llega el turno a cómo llegan y cómo se representan en la mente los impactos de los mensajes, y cómo influir en ella a través de la palabra. En nuestra hipótesis del funcionamiento cerebral, como ya vimos en el capítulo anterior, cuando cualquier información llega a los órganos de percepción, y una vez filtrada por los mismos, pasa al mapa personal y de ahí a construir una representación interna. Pues bien, de esa representación interna es de la que ahora vamos a hablar.

Como cualquiera puede comprobar, con prestar un poco de atención a sus propios procesos de pensamiento, toda información (verbal o no verbal) que llega a la mente produce cierto tipo de imágenes, sonidos o/y sensaciones. Éstas pueden ser más o menos conscientes en función del grado de atención y práctica que se tenga en detectar tales procesos mentales. Sabiendo esto, podemos con nuestras palabras provocar representaciones subjetivas a través de las metáforas o cuentos. En esta técnica, la *psicopictografía*,[6] confluyen la visualización y la creatividad.

---

6. Así pues, la *psicopictología*, sería la ciencia que estudia la utilización y el impacto que las imágenes mentales creadas inducidas por medio de relatos o metáforas producen en las personas. Dicho de otro modo, el estudio y aplicación de las visualizaciones creativas provocadas por medio de un lenguaje analógico en forma de narración en beneficio del desarrollo armónico del hombre.

Es muy importante precisar que, al hablar de visualización, me refiero al proceso –*psico* (psicológico) mediante el cual construimos, imaginamos o creamos cualquier imagen mental. Al hablar de creatividad o creación, describiré la acción de construcción, transformación y desarrollo, en este caso imágenes —pictóricas o analógicas—.

Por otra parte, una visualización que es una representación mental que producimos con imágenes

puede ser recordada o creada. Las recordadas son producto de las experiencias de cada persona y que se van archivando en la memoria. Las visualizaciones creadas son construidas, imaginadas, producto de nuestra invención, o sugeridas a través de símbolos, analogías, imágenes o metáforas, e incluso llegadas del «*mundo imaginal*» más allá de la realidad cotidiana. Por tanto, al hablar de las metáforas transformadoras, visualización creativa o *psicopictografía*, trataremos del estudio y aplicación de las imágenes mentales construidas y generadas a partir de las narraciones que conducen a estados de consciencia o estados mentales deseados.

Si quieres que cualquier oyente visualice cierto tipo de imágenes que le produzca alguna impresión, relatarías de modo que le indujera a construir una representación interna libre de análisis lógicos y que, fuese cual fuese el contenido de su mapa, el sujeto generara tales creaciones. Por ejemplo: supón que una persona se encuentra inmersa en un problema y atrapada, sin salida, y que lo que necesita en un primer momento es mantener la esperanza de que siempre puede haber una solución. A tal individuo podrías contarle la historia del mercader y el pájaro exótico.

Había una vez un rico mercader que poseía un bello y exótico pájaro. El ave se sentía muy triste, pues aunque estaba muy bien cuidada y en una jaula de exquisita factura, carecía del disfrute de la libertad. Cierto día, antes de emprender uno de sus viajes de negocios a Oriente, el mercader le dijo al pájaro:

—¿Deseas que transmita algún mensaje a tus parientes, ya que voy a tu tierra de origen?

—Sí —contestó el ave—. Quisiera que te aproximes a la selva, al lugar donde habita mi familia, y le informes de mi situación y de cómo me siento de triste en esta jaula en la que me encuentro.

Al cabo de varias semanas, el comerciante regresó a su casa, y se acercó al pájaro para informarle de lo ocurrido.

—Amigo mío, tengo malas noticias para ti. Estuve con tus parientes y les conté lo que me dijiste, pero debió de afectarles tanto que algunos de ellos al oír tu mensaje cayeron desplomados al suelo. Yo me sentí muy mal, pero creo que debes saberlo.

Al escuchar la noticia, el pájaro comenzó a convulsionarse y también se desplomó.

El mercader quedó muy sorprendido y pensó que el pobre animalito también había muerto de tristeza por el fallecimiento de sus familiares. Así que abrió la jaula, y al comprobar que no se movía, lo colocó en el alfeizar de la ventana para más tarde enterrarlo.

Apenas se hubo retirado unos metros el hombre, el ave echó a volar mientras le decía a su antiguo carcelero:

—¡Gracias por el mensaje! La información que mis parientes me transmitieron era muy precisa: hazte el muerto y de ese modo te liberarás.

Y surcando los cielos de nuevo voló en pos de su ansiada libertad.

Una vez que la persona crea sus propias imágenes metafóricas, éstas actúan sin esfuerzo para cambiar o elevar su vida, ya que se convierten en colaboradores leales y silenciosos que trabajan para él día y noche. No es preciso dar indicaciones precisas, ya que cada uno construye las imágenes en función a las experiencias registradas en su mapa, y las alternativas surgirán desde ahí, sin que el sujeto se percate la mayoría de las veces a escala consciente de cuáles son los resultados, sino tan sólo cuando éstos ya se hayan producido. La acción modificadora se lleva a efecto en el subconsciente, y, una vez que éste ha operado los cambios necesarios, aflora al consciente como si se tratara de un reflotamiento.

El mecanismo es muy sencillo. A medida que el oyente o lector escucha un relato, va construyendo su propia realidad, y digo «su propia realidad», ya que le es exclusiva, subjetiva y personal. ¿Cómo es el pájaro del relato que te has imaginado? ¿Un loro, una cotorra, un ave fénix, un faisán? Puede ser cualquiera de ellos y ninguno. ¿Y la jaula?, ¿cómo es tu jaula? Cada cual escogerá una que se ajuste a su necesidad, a la proyección de sí mismo y de su conflicto. Con el uso de la técnica nos limitaremos a crear una estructura y a poblarla de una determinada manera como ya veremos, de lo demás se encargará inconscientemente el sujeto para quien narras.

La *psicopictología,* el uso de las imágenes metafóricas, es a la vez una sabiduría ancestral y una técnica moderna. Ha sido el medio para trasmitir los mayores secretos de la humanidad, y los magos y avatares de todas las épocas usaron este lenguaje para enseñar a sus discípulos y para trasmitir sus arcanos.

Antes de proseguir, quiero que sepas algo muy importante; tal vez escuches en algún momento a alguien decir, o tú mismo creas, que es imposible visualizar, que al escuchar una historia es imposible imaginar nada; es igual, continúa, simplemente hay que relajarse mientras se lee o se escucha, ya que el efecto llega de igual modo. Uno de los grandes secretos del éxito de la técnica es liberarnos de las tensiones y dejarnos llevar suavemente a través del mundo mágico de la imaginación o del ensoñar lúcido hacia un estado de conciencia superior.

Hasta ahora, como has visto, dispones de varias herramientas mágicas en el modelo, pero ahora nos centraremos básicamente en el lenguaje y la visualización. El lenguaje que, debidamente ensamblado, te va a servir para sortear al consciente, para inducir al auditorio a un estado de receptividad e interés y para construir las visualizaciones. Por su parte, las visualizaciones aportarán el contenido a transmitir, que cada uno de los oyentes construirá subjetivamente a partir de las insinuaciones que facilites con el lenguaje. También permitirán que el sujeto mantenga una mayor cantidad de datos del mensaje en un solo registro con la consiguiente aptitud para el recuerdo y reactivación del contenido. Ello facilitará que el individuo pueda, progresivamente, descubrir nuevos significados que subyacen en otros niveles estructurados de la narración o la metáfora. Tú mismo constatarás la diferencia al intentar recordar un texto sin apoyarte en ningún tipo de imagen o analogía, o visualizar el contenido de ese mismo texto auxiliándote con imágenes o analogías.

Cuando se construye una imagen, y más aún si se trata de una inducida para tal fin, ésta se mantiene durante tiempo indefinido, de tal modo que cuando se alcanza a comprender algo del mensaje oculto en ella, ésta no se destruye, sino todo lo contrario, cobra nuevos matices, se modifica y surgen nuevas analogías asociadas. Es como si depositaras una semilla que comienza a germinar y que va renovando su forma a medida que crece.

Las metáforas son símbolos, analogías y, como tales, puedes crear intensidad emocional incluso con mayor rapidez y de forma más completa que las palabras que usas normalmente de forma digital. Uno de los modos básicos que tenemos para aprender es a través de las metáforas. El aprendizaje es el proceso de establecer nuevas asociaciones en la mente, crear nuevos significados, y las metáforas cumplen plenamente esta función. Al provocar estados emocionales como motivación, expectación e interés pueden utilizarse en la enseñanza como herramienta generadora de atención y rendimiento. Cuando no comprendemos algo, una metáfora nos aporta una forma de ver que lo que no advertimos es como algo que sabemos. Al escuchar o leer una metáfora, la visualización o las imágenes que suscita pasan a ser representaciones internas, y éstas inmediatamente operan transformando o modificando otras estructuras de pensamiento anteriores. Es como un potente rayo láser invisible que actúa internamente proporcionando alternativas nuevas, recursos variados, energía y sabiduría, y todo ello –especialmente al principio– sin que se sea consciente de nada. La armonía y la sutileza con que inciden en la persona son las claves que facilitan el acceso a todo lo que necesitamos para el progreso, la conquista y la evolución.

No podemos olvidar que las metáforas forman parte de nuestra vida; desde niños nos han acompañado y se encuentran tan arraigadas que en muchísimas ocasiones, sin proponérnoslo, solemos enunciarlas para referirnos a ciertos aspectos del quehacer cotidiano. Se trata del producto manufacturado desde el pensamiento profundo, que salen a la superficie de la verbalización; son imágenes inconscientes que afloran a través de la palabra. Y si esas frases se repiten una y otra vez, las representaciones mentales se fortalecen y quedan grabadas de manera indeleble. De ahí también la importancia de usar palabras que generen imágenes potenciadoras.

Al realizar un comentario sobre la vida, una persona que se exprese diciendo: «La vida es una continua lucha» está reproduciendo una imagen de sufrimiento, desgaste, esfuerzo, etc. No se requeriría ser demasiado experto para determinar que esa persona está agobiada, que su existencia ha sido o es un constante problema, y que todo lo conseguido le ha supuesto un excesivo trabajo. Por el contrario, alguien que se manifiesta: «La vida es como un jardín que se tiene que cuidar» se está representando elementos analógicos que le invitan a estar atento, cuidadoso, dispuesto, y, a la vez, disfrutar de la belleza. Tal vez como el primero, también haya tenido que afrontar y resolver crisis profundas, pero lo ha hecho con un espíritu positivo y potenciador.

Recuerda que los procesos de derivación operan en ambas direcciones, que las imágenes generan palabras y que las palabras son generadoras de imágenes. En PNL afirmamos que el proceso de pensamiento es un encadenamiento de representaciones internas, y éstas están formadas por escenas mentales construidas por la imaginación o recuerdo, por el cómo (modo) imaginamos o recordamos, por lo que nos decimos y cómo nos lo decimos, por lo que oímos internamente y cómo lo escuchamos, y lo que sentimos. Es por ello por lo que las metáforas que recibimos o emitimos pueden ser limitantes o potenciadoras:

Así, por ejemplo, expresiones metafóricas limitadoras y negativas serían:

- «Me encuentro en un callejón sin salida»
- «Mi relación de pareja es una tormenta»
- «El trabajo se me hace cuesta arriba»
- «Estoy como encerrado en una botella»
- «Soy como un náufrago en una isla desierta»
- «Estoy más perdido que un burro en NY»

Enunciados alegóricos potenciadores y positivos los encontraríamos en frases como:

- «Me elevo para otear el horizonte»
- «Mi relación es como una primavera en flor»
- «El trabajo es un cofre lleno de sorpresas y fortunas»
- «Estoy radiante como el amanecer»
- «Vivo como un explorador en busca de tesoros escondidos»
- «Estoy tan contento como un niño con un juguete nuevo»

Recuerda que «somos como pensamos», y que, como consecuencia, las metáforas actúan como modificadores de nuestras representaciones internas, y éstas son la base de nuestros estados internos y emociones, que, a su vez, son el combustible de nuestras acciones.

Como en cualquiera de los diferentes aspectos del aprendizaje de la magia de la PNL, el trabajo comienza por uno mismo, así que, si quieres ser un mago en el manejo de la *psicopictología*, lo primero es asumir la responsabilidad de tus propias metáforas, no sólo para evitar aquellas que constituyan un problema, sino también para fomentar las positivas y quedarte con las que más te beneficien a todos los niveles, incluida la salud, la prosperidad, la riqueza y el bienestar emocional. Pero de nada te servirá todo lo comentado hasta ahora si te quedas en una mera lectura de todo lo anteriormente dicho; es preciso llevar la teoría a la práctica si realmente tienes la intención de ser un autentico mago.

Las metáforas y las visualizaciones no son nada nuevas, ya lo hemos visto; lo que hemos hecho aquí es encontrar un sistema que desde los inicios de la humanidad están manejando los maestros, los profetas y los iniciados que ha habido. Tenemos ejemplos, como cité anteriormente, contenidos en el Antiguo Testamento, la Torá, los Vedas, Popol Voh, los Evangelios, y el Corán. Los sabios, avatares y profetas hablaban y explicaban con metáforas. Pitágoras, Sócrates, Platón, Aristóteles, Jesús, Buda, Mohamed y otros muchos enseñaban por medio de narraciones, historias y visualizaciones. Incluso recientemente, en el siglo XX, genios y maestros de la terapia las han usado para sus trabajos; sin ir más lejos, Albert Einstein, según cuentan sus biógrafos, desarrolló la teoría de la «relatividad del tiempo» imaginándose que viajaba en el extremo de un haz de luz. ¿Cuál es el motivo de que tan grandes hombres hayan recurrido a tan sencilla técnica? Es muy simple; las imágenes mentales que producimos a partir de las historias es un lenguaje que todo el mundo entiende. O si no, ¿cómo resulta más fácil enseñar a un niño pequeño?

Éste es un código lingüístico que penetra en la conciencia sin que se tenga que razonar o comprender lógicamente; el subconsciente toma las riendas del entendimiento, y lo hace absorbiendo su propio sistema de símbolos. Símbolos que, como ya sabes, la propia persona construye a partir de escuchar o leer la historia; nunca se le imponen, nunca se le dice lo que tiene que pintar en su mente, cada uno responde a su propia necesidad y grado de comprensión. Todos los seres humanos somos capaces de generar visualizaciones creativas y sacar provecho de ellas.

Reza el dicho oriental, tantas veces repetido, y saben muy bien lo que dicen: «Una imagen vale más que mil palabras».

El modelo que seguiremos para operar y trabajar en la construcción de visualizaciones metafóricas, o trabajos con *psicopictología*, es el que a continuación refiero:

1. Construye, inventa o localiza una historia, cuento, metáfora o representación que venga bien al caso.
2. Una vez escrita, léela relajadamente para ti mismo a para otra persona. Si es para un tercero, también hablaré más delante de la técnica adecuada para contarla de viva voz.
3. Procura ir dibujando mentalmente, visualizando las imágenes que te vaya sugiriendo el relato, de forma que se te queden grabadas en la memoria como si fuese una fotografía o película con colores vivos. No importa que se la leas a otra persona; tú, como lector, también la construirás mentalmente a la vez que relatas las imágenes de la historia.
4. Una vez instalada en otros o en ti mismo, esta imagen o película actúa por sí misma, si no existe ninguna barrera

infranqueable que se lo impida. La visualización metafórica se transforma en un potente generador que canaliza nuestras capacidades, emociones y conductas en la dirección deseada.

Poco a poco, de forma armónica, irás desarrollando ese potencial que llevas dentro, y que te conducirá al éxito de tu estado deseado.

Es posible que te estés preguntando: ¿qué tiempo tardaré o tardarán en apreciar los resultados de la *psicopictografía* para que se puedan ver los cambios?

La respuesta se encuentra en el siguiente relato.

Un estudiante impaciente se aproximó a un maestro y le preguntó:

—¿Cuándo llegará el momento en que seré capaz de extraer el significado y hacer uso del contenido de las historias con verdadera efectividad?

El sabio dio un gran suspiro y respondió:

—En el momento exacto en que ceses de preguntarte cuándo alcanzarás ese punto, y pongas algo en tu estudio, en lugar de intentar constantemente sacar algo.

Bien, te puedo decir que el inicio del cambio comienza en el mismo momento en que decides poner en práctica el método, e incluso puedes observar ciertos avances de inmediato. Es como el proceso de crecimiento de una planta.

Imagina una semilla que es depositada en una tierra fértil. Se la entierra debidamente y se le riega; poco a poco, su germen comienza a agitarse y a crecer dentro de la corteza hasta que al fin la rompe e inicia un proceso de desarrollo, por una parte las pequeñas raicillas y, por otra, en dirección al calor y la luz, un tierno tallo. A los pocos días, el tallo es capaz de rasgar la corteza de la tierra y surge a la superficie. Las raíces, por su lado, crecen y siguen suministrando nutrientes al futuro árbol. Al poco tiempo, el tallo ya se ha desarrollado y comienza a manifestar su apariencia de joven árbol; ya tiene su tronquito, ramitas, hojas tiernas, brotes y cada vez se encuentra más asentado sobre sus raíces, que prosiguen su oculta labor de expansión y nutrición.

Casi sin darnos cuenta, en unos cuantos meses el árbol ya es adulto y está dotado de todos sus atributos y dones, ofreciendo aquello para lo que la naturaleza lo ha creado.

Así es como se producen los cambios duraderos; al principio lo notarás como pequeños detalles, muchos de ellos casi imperceptibles, pero interna y sutilmente estarán operando intensamente. No olvides que: «Todo pensamiento o idea causa una reacción física». Éste es un principio universal, una ley: «Las imágenes que mantenemos en nuestra mente tienden a hacerse realidad». Estos principios enunciados por todos los sabios de la humanidad se manifiestan constantemente, unas veces como reacciones orgánicas, otras como nuevas conductas, y otras como materializaciones. Algo va a cambiar, no te quepa la menor duda, ya que es cierto e inevitable, es la ley de la atracción. Tal vez sean diminutos o casi imperceptibles alteraciones al principio, pero poco a poco, como la planta de la imagen de la metáfora previa, irá creciendo y creciendo hasta transformarse en un magnífico árbol de incontables frutos.

La vida, la naturaleza están en permanente flujo de dentro a fuera, y de fuera a dentro. Manifestamos lo que somos, y los cambios positivos —también los negativos— que se promueven en el interior se reflejan positiva —o negativamente— en las acciones que realizamos y en las situaciones que propiciamos.

Esta parte del capítulo tiene como fin que te familiarices al máximo con un tipo de lenguaje muy especial, que como vimos ya, produce un doble efecto en la audiencia, por un lado induce a trance y, por el otro, aporta los recursos para el cambio. El lenguaje al que me refiero es el llamado modelo ericksoniano basado en la estructura lingüística usada por el genio de las metáforas terapéuticas Milton Erickson. Esta forma de expresión no trata de desarrollar historias de belleza literaria ni depurado estilo, sino relatos portadores de recursos mentales potenciadores, por lo que en algunas ocasiones carecerán de calidad narrativa y otras incluso violarán las reglas sintácticas.

Para trabajar con la magia de la palabra, para utilizar la *psicopictografía*, usaremos los cuatro patrones básicos en los que se sistematiza el canon:

A) Modelo causal lingüístico
B) Lenguaje transderivacional
C) Ambigüedades
D) Significados derivados

A. MODELO CAUSAL LINGÜÍSTICO

Se emplea para unir descripciones de base sensorial, es decir, aquellos enunciados que el oyente puede detectar con sus sentidos (respira, mueve la mano, hace muecas con la boca, etc.) con otras indicaciones, órdenes y sugestiones que lanza el contador o narrador (relajado, sereno, a gusto, pensativo, etc.).

Se trata de unir palabras o frases a través de conjunciones, conectivos o relaciones causales como los siguientes: y, pero, a causa de, etc.; cuando, mientras, durante, después, etc.; hace que, por tal motivo, por eso, después de, etc.

Veamos algunos ejemplos:

> […] Miraba al mago mientras éste narraba la historia, y poco a poco iba entrando en un mundo de sueño y fantasía. Escuchaba y escuchaba, pero su imaginación comenzaba a volar, y a causa de la voz se sentía transportado a lejanas tierra […]
>
> […] El muchacho, cuando escuchaba la voz del mago se ensimismaba. Y así, mientras aquel hombre narraba la historia del dragón, el joven quedaba extasiado, y durante todo el relato ni siquiera parpadeaba e incluso después seguía recordando la historia […]

[…] La voz del mago hace que quien la escuche comience a viajar por su propio interior, y por tal motivo, el muchacho comenzó a preguntarse hasta qué punto su vida había sido la adecuada. Después de tales cuestionamientos, un sutil sonido que le resultaba familiar […]

El uso de este modelo es aplicable tanto para inducir o crear cierta condición de receptividad expectante e hipnótica, como para establecer una conexión entre el estado presente y el estado deseado del sujeto.

B. LENGUAJE TRANSDERIVACIONAL

Se trata del empleo de requerimientos, declaraciones y planteamientos que fuerzan al oyente a emprender una *búsqueda transderivacional*, para que encuentre interiormente un sentido a las manifestaciones del narrador. Al no ser comprensible lógicamente, la parte consciente de la mente, desconecta y permite que penetre en el área subconsciente en donde es asimilado analógicamente.

Este grupo, a su vez, lo subdividiremos en:

b. 1. ÍNDICES REFERENCIALES GENERALIZADOS: se trata de nombres o expresiones que no se refieren a nada en concreto.

Por ejemplo:

[…] Érase una vez, cuando no había tiempo, en el país del no lugar […] cuando la luz y las sombras compartían la existencia […]

b. 2. RESTRICCIÓN SELECTIVA: utilización del lenguaje sintácticamente correcto, pero sin realidad comprensiva lógica.

[…] El tiempo me habló y proyectó su imagen eterna sobre la sombra de mi existencia […] dando lugar a que nada ocurriera […] y, sin embargo, que ocurriera todo.

b. 3. BORRADURA: supresión del sujeto u objeto en las oraciones.

[…] y así escuchando se puede aprender […] y algún día, tal vez, llegar realmente a empezar a preguntarse […]

b. 4. NOMINALIZACIÓN: palabras que indican movimiento, que son verbos, y que los empleamos como sustantivos, (nombres o cosas). Es decir, que una acción queda transformada en un hecho inmóvil, pasivo. Con ello se consigue algo así como detener el tiempo para permitir la reflexión.

—¿Tienes temor a la muerte? —preguntó el anciano—. ¿Tienes temor a la desgracia y a la pérdida de tus bienes? ¿Tienes temor al consejo y a la ayuda?

b. 5. VERBOS INESPECÍFICOS: se trata de la utilización de un verbo que no especifica la acción que ha de realizarse, o se está ejecutando. Provoca una inevitable *búsqueda transderivacional*, para dar sentido al mensaje.

[…] y le pidió que le mostrase algo. Mejor te aconsejaría que estudiases conmigo —dijo el maestro—. Pero si no lo quieres hacer, tendrás que viajar resueltamente […]

C. Ambigüedades

Palabras, frases o estructuras completas que inducen a diferentes o confusas interpretaciones para que el oyente las comprenda o las interprete en el nivel en el que está preparado para comprenderlas. Juegos de palabras, homónimos o /y sinónimos encadenados que inducen a diferentes disquisiciones, o también, cuando no está claro si una palabra se usa de una forma u otra, o no se sabe dónde acaba y empieza una oración y el empleo de triquiñuelas que utilizamos para incorporar órdenes dictadas al subconsciente, sin que éstas sean evidentes. Veamos algunos ejemplos:

[…] Escuchar las palabras puede conducirte a ver una luz especial que nace del corazón […]

[…] y entonces el anciano le dijo: «La casa de la que se casa escasa. Y la lista no es tal lista mientras no está lista».

[…] veo que está sentado escuchando y entras en tu mundo interno…, que puede ser una vivencia importante y transformadora.

[…] ahora pasa por supuesto que vamos a empezar una fase de comprensión […]

También utilizamos las ambigüedades cuando se realizan preguntas sin hacerlo explícitamente, o se le indica al sujeto que haga algo sin que medie una orden directa, o se repite lo dicho en otro marco para hacer llegar el mismo mensaje a esta persona.

[…] Me pregunto si puedes creer lo que oyes.

[…] Tal vez te estés preguntando. ¿Ésta podría ser mi vida?

[…] No sé si ya te habrás preguntado […] ¿Es de mí de quien habla?

[…] Pienso que te beneficiará que te relajes, te pongas cómodo y escuches atentamente.

[…] Y mientras me miraba le dije: «relájate, respira profundamente e interiorízate, así disfrutarás mucho más de la historia».

D) MARCACIÓN ANALÓGICA

Es el énfasis o entonación que se le da a ciertas palabras para que transmitan un mensaje independiente en el seno de otro más amplio y general. En el ejemplo, las negritas son las palabras que se remarcan con un énfasis mayor.

[…] Cuando el rey se dirigió a su súbdito le dijo: «Escucha atentamente; nada de lo sucedido tiene una razón. Ahora vuélvete a tu castillo, habla con tu señor y, dentro de un tiempo, una vez que rebobines la historia de la invasión, y comprendas mejor la situación del problema, regresarás trayéndome noticias rápidamente. Finalmente, cuando hayas llegado al final del camino que te traerá hasta mí, nuestro pacto podrá comenzar a ser viable, y tanto tú saldrás fuera como yo, para saludar a todo el pueblo, y verás los rostros amigos de la gente, que como espectador te aclama. Toda la historia se repite de nuevo desde la distancia y sin emoción.

Al escuchar el relato, el hemisferio derecho ha recogido un segundo mensaje sonoro, que sería así:

Escucha atentamente, vuélvete dentro, rebobinas la historia del problema rápidamente, cuando hayas llegado al final, saldrás fuera y verás, como espectador, que toda la historia se repite de nuevo desde la distancia y sin emoción.

A continuación puedes leer la siguiente metáfora construida utilizando casi todas las variantes del modelo ericksoniano. Como ejercicio práctico te recomiendo que busques en el texto cada una de las diversidades lingüísticas utilizadas.

En cierto país, junto a un mar de cristalinas aguas, hace tiempo, aunque puede ser ayer, hoy o mañana, alguien relataba esta historia diciendo:

—Cuando algún día llegues realmente a reflexionar sobre este relato, tal vez empezarás a preguntarte, si fue a ti o a cualquier otro a quien le ocurrió.

Una mañana, cierto marinero, que bien podría llamarse como tú, caminaba serenamente al alba por la playa cuando le pareció escuchar una voz que, proveniente del mar, le susurraba al oído:

—¿Qué has hecho en la vida? ¿Qué huella has dejado? ¿Qué sello has impreso? ¿Quién se acordará de ti? ¿Quién ensalzará tu obra?

El marino, mientras más atención prestaba, más profundamente penetraba en su propio interior y más interés ponía.

—¿Quién eres? —preguntó con voz silenciosa—. ¿Puedo creer lo que oigo? —volvió a cuestionar en sus adentros.

—¿Qué me quieres decir? —balbució sin palabras.

—Sigue mi llamada, atender mi mensaje puede producir en ti una experiencia trascendente, ya que de lo contrario, tu travesía no tendrá un fin.

Me preguntó:

— ¿Qué habrías hecho tú en su lugar?

El navegante en tierra recordó lo que en otro tiempo le dijera el capitán de la goleta en la que él surcaba los mares.

—Si quieres no morir, haz tu propio descubrimiento, tu propia hazaña, tu propia aventura.

No sabía por dónde empezar, pero, abandonando la seguridad de la playa, comenzó a adentrarse en el mar en pos de la voz que ahora le decía:

—Despréndete de los lastres y cadenas, recoge las *anclas* y suelta amarras, sumérgete en tu naturaleza esencial argonauta de la vida.

El marinero no fue visto nunca jamás de nuevo en aquellas playas, junto a aquel mar de aguas cristalinas, en aquellas alboradas silenciosas, pero su historia, que bien puede ser tu historia, es contada y escuchada dondequiera que haya navegantes dispuestos a hacerse a la mar de la vida. Ése fue su legado.

E) LA CONFUSIÓN

En las personas, existen creencias limitantes que dificultan que ciertos mensajes lleguen a la *estructura profunda*; estas creencias se mantienen en el consciente a flor de piel, por lo que es necesario eludirlas, confundirlas o sorprenderlas para sobrepasar tal autoimposición. Para ello podemos manejar:

a) Polaridades. Utilización frecuente y machacona de conceptos polares que mezclados continuamente, sin ningún significado coherente, desconciertan al hemisferio izquierdo. Esto nos conduce al aspecto de *separación*, en el que emitimos mensajes claramente diferenciados para cada uno de los hemisferios; vendría a ser como una comunicación al consciente y otra al subconsciente.

Si eres consciente, pero inconscientemente, llegarás a la conciencia inconsciente que te aporta tu inconsciente-conscientemente. Es lo mismo que olvidar un recuerdo cuando se recuerda un olvido, ya que si vives olvidando lo recordado, nunca vivirás recordando lo olvidado. Por eso, cuando escuches el sonido del silencio, te darás cuenta de que un silencio sonoro nada tiene que ver con el sonido silencioso que escuchas cuando oyes el silencio.

b) Conductas fuera de contexto. Esta habilidad tan magistralmente manejada por los grandes maestros instructores de cuentos y metáforas, los sufíes, es un recurso impactante para crear expectación, interés, desconcierto, etc., todos ellos estados facilitadores de aproximación a los planos del subconsciente. Es el tipo de comportamiento que don Juan Matus explicaba a Carlos Castaneda como «desatino controlado»; hacer cosas que la gente no se espere, fuera de contexto, para provocar con ello un fuerte impacto en la audiencia.

c) Conductas u observaciones de múltiples interpretaciones. Es una variante de lo anterior, pero teniendo en cuenta y ejecutando la acción que sepamos que puede dar lugar a varias traducciones diferentes.

F) LA VINCULACIÓN

Se trata de establecer la adecuada asociación de elementos exógenos al sujeto unidos a cada uno de los elementos de la *separación*.

a) Para ello, utiliza tonos de voz diferentes que vayan dirigidos al consciente y al subconsciente.

b) Espacios de dicción asociados a cada uno de los hemisferios. Por ejemplo, si te diriges al consciente giras hacia tu derecha y si lo haces al subconsciente a la izquierda. Si cuentas con cierto espacio escénico, te trasladas de un sitio específico a otro que marque a que área de la mente te diriges.

c) Incorpora experiencias sensoriales encadenadas con los estados. Por ejemplo, si durante tu relato, en la sala hace calor, asócialo al contexto de la metáfora

[…]el sofocante calor del desierto es tan intenso que se siente incluso sin estar allí […]

d) Incluye, como ya comenté anteriormente, cualquier sonido o interferencia externa que se produzca.

G) PALABRAS SIMBÓLICAS

Empleo de palabras no específicas, de forma que el sujeto busque sus propios significados a partir de las frases del relator. Es el lenguaje propio de ciertos cuentos conocidos que permiten al oyente hacer personales interpretaciones. Suelen emplearse en la construcción de historias que trabajan o que contienen mensajes en diferentes niveles.

Viajero que honras este lugar con tu presencia, tenemos un magnífico hospedaje para ti, si quieres ser nuestro huésped, pero con la condición de que deberás pasar este canal a nado, sin temor a su profundidad ni a la rapidez de sus corrientes. Cuando llegues a la otra orilla, deberás cargar sobre tu espalda el león de mármol que está al pie de la montaña, y lo llevarás de un solo lance hasta la cumbre sin prestar atención ni a los feroces leones que podrías encontrar, ni a las espinas que jalonan el camino. Cuando hayas llevado esto a cabo, serás dichoso para siempre. No es posible llegar al refugio sin caminar. El que no trabaja no obtiene lo que desea.

Ya dispones de toda una nueva estructura del lenguaje para crear el relato. Al principio es posible que te cueste un poco familiarizarte con todas y cada una de las variantes lingüísticas del modelo, pero ya verás como con el uso te resultará cada vez más sencillo y natural construir tus metáforas. Ahora te propongo una práctica para que ejercites lo aprendido hasta este momento. Se trata de construir cadenas de metáforas que te ayudarán en varios aspectos, primero, a descubrir tus propias metáforas de vida, segundo, a despertar tu innata creatividad, y, tercero, para eslabonar argumentos metafóricos que surgirán uno de otro.

Ahora consigue varias hojas de papel en blanco y un útil de escritura. Procura ser lo más espontáneo que puedas, dejando que surjan las frases. No busques razonadamente las descripciones; déjate fluir libremente.

Ejercicio:
Responde a las siguientes preguntas:
¿Qué es la vida?
Escribe las metáforas que se te ocurran y redacta un mínimo de cinco. Busca todo aquello en lo que seas capaz de pensar; probablemente tienes más de una metáfora para la vida. Anótalas todas, tanto las potenciadoras como las limitantes. En esta primera práctica inicia todas ellas con:
La vida es como…
A continuación, revisa la lista de metáforas que has escrito y pregúntate:
Si la vida es así… **¿Qué significa eso para mí?**
Y, de nuevo, responde con metáforas; insisto, no des explicaciones lógicas de lo que quisiste expresar con la metáfora an-

terior, tan sólo limítate a ampliar con una nueva metáfora, una nueva por cada una de las cinco anteriores.

Eso significa que…

Una vez escritas las nuevas, vuélvete a cuestionar:

¿Cuáles son las ventajas de que sea así?

Y, seguidamente, respondes con metáforas que estén relacionadas con cada una de las anteriores, y, como hasta ahora, escribes las cinco.

La ventaja es que…

A continuación, y refiriéndote a cada una de las primeras metáforas que redactaste: La vida es… y Eso significa que…, te preguntas de nuevo:

¿Cuáles son los inconvenientes?

El inconveniente es que…

Escribe sobre las cinco.

¿Qué nuevas metáforas podrían gustarte para aplicar a tu vida y sentirte más feliz, libre y capacitado/a?

Escribe cinco nuevas metáforas que se te ocurran para expresar qué es la vida.

La vida es…

Después de esta primera serie de frases, toma otro ámbito cotidiano en el que interactúes con personas (social, enseñanza, trabajo o pareja).

Descubre tus metáforas para ese contexto; pregúntate:

¿Qué es… (por ejemplo: la pareja, su nombre) **para mí?**

Escribe las metáforas que se te ocurran.

Ella/Él (puedes poner aquí su nombre) es como…

A continuación, como anteriormente con las metáforas de la vida, te interpelas:

Si él /ella es así, ¿qué significa eso para mí?

Significa que… Escribe cinco y prosigues como antes.

¿Cuáles son las ventajas de que sea así?

La ventaja es que… De nuevo acerca de las cinco.

¿Cuáles son los inconvenientes?

El inconveniente es que…

¿Qué nuevas ventajas podrían gustarme para aplicarlas y sentirme más feliz, libre, capacitado?

Él/ella… es…

Ahora toma otro aspecto que sólo te afecte a ti mismo. Descubre tus metáforas. Puede tratarse de una afición, una cualidad, una pasión, una habilidad o un defecto. Pregúntate y escribe:

¿Qué es…?

… es como…

Como en todas las anteriores, escribe también cinco.

Si… es así, ¿qué significa eso para mí?

Significa que…

¿Cuáles son las ventajas de que sea así?

La ventaja es que…

¿Cuáles son los inconvenientes?

El inconveniente es…

¿Qué nuevas ventajas podrían gustarme para aplicar a ese aspecto y sentirme más feliz, libre y capacitado?

Me gustaría que… sea…

Y, como en todas, redacta cinco.

4

Pases mágicos

Todo lo que vemos o nos
parece no es otra cosa que un
sueño dentro de otro sueño.

EDGAR ALLAN POE

La varita mágica

Todas las personas requieren estados internos idóneos, satis-
factorios y positivos para alcanzar el éxito, para ser más eficientes y profesionales en su trabajo, para estar más recepti-
vos, atentos, abiertos, seguros y motivados.

Parafraseando a Aristóteles me permitiría la licencia de decir: «Estar motivado es fácil, pero motivarse en el momento
oportuno, en el lugar adecuado, para el tema necesario, eso ya
no es tan sencillo». Sin embargo, con la PNL lo puedes conseguir como si se tratara de una «varita mágica».

Otra de las grandes aportaciones de la magia de la PNL es el
método para poder activar estados de ánimo exultantes ya experimentados. Los estados internos, o estados anímicos, como
queramos llamarles, son producto de los procesos internos
previos, es decir, de nuestros pensamientos (de lo que pensamos y cómo lo pensamos) y pueden ser conscientes y delibe-
rados, o automáticos y semiconscientes. Tanto unos pensamientos como otros producirán estados internos; la diferencia

estriba en que los conscientes podemos identificarlos, manejarlos y modificarlos, si lo deseamos, y los semiconscientes, no.

¿Qué es lo que consigues cuando sientes inseguridad?, ¿y cuando experimentas miedo?, ¿y cuando estás apático? Muy simple, tus conductas, las acciones que realizas son inseguras, torpes e imprecisas.

¿Qué ocurre, en cambio, si sientes estados anímicos de seguridad, valor o motivación? Que tu comportamiento resulta seguro, eficaz y decidido.

Bien, pues tú puedes experimentar estados potenciadores a voluntad; basta con programarte y *anclarte*, y, posteriormente, al activar esas *anclas*, recuperarás los estados positivos.

Tú, como la mayoría de las personas, habrás comprobado que ciertas canciones de una época determinada, o un olor específico, te evocan inmediatamente recuerdos y emociones que viviste en su día, relativos a esa música o ese aroma, pues bien, eso son anclas que tienes instaladas. Todos nosotros estamos anclados a impactos visuales, auditivos, quinestésicos, olfativos e incluso gustativos; la publicidad, los paisajes, las melodías, las personas, las comidas, los perfumes nos conectan inmediatamente con estados internos de otro tiempo sin que conscientemente provoquemos el recuerdo; pues bien, todo eso son *anclas*.

Pasemos ahora a saber técnicamente qué son las *anclas* y cómo las podemos utilizar mágicamente: un *ancla* es una forma consciente de grabar estados para, posteriormente, poderlos recuperar. Es una técnica simple, pero eficaz, de tener acceso a emociones, recursos o estados internos de naturaleza positiva, cada vez que los necesitemos. Algo así como un interruptor que enciende o arranca ciertos dispositivos en nosotros que activan aspectos de nuestra naturaleza interna.

Si quieres utilizar un *ancla*, lo primero que has de hacer es establecerla o instalarla es lo que en PNL llamamos *anclaje*.

Para instalar un ancla necesitas experimentar, o reexperimentar un estado interno (seguridad, motivación, alegría, optimismo, confianza, etc.) que te convenga anclar a continuación procederás a establecer una conexión entre el citado estado y algo que tú puedas controlar conscientemente (una presión en algún punto del cuerpo, una imagen o un sonido característico). Las anclas puedes instalarlas en ti mismo o en otras personas (incluso sin que ellas lo adviertan). Si utilizas el ancla para ti mismo, sería un autoanclaje, y, si la usas para generar recursos en otros, será un ancla a terceros.

¿Cómo es, y cómo se realiza esa conexión entre el estado potenciador y ese algo?

Ese algo es cualquier elemento sensorial como los citados, es decir, visual, auditivo o quinestésico, que vincularás deliberadamente al estado deseado.

Nuestra vida está plagada de anclajes inconscientes; como ya has visto hace un momento, nos encontramos anclados a infinidad de cosas que, o bien por la publicidad insistente, o por experiencias muy fuertes, han quedado firmemente adheridas al subconsciente y se activan cuando vemos, escuchamos o sentimos aquello con lo que está conectado.

Ejemplos de anclajes comunes en mucha gente pueden ser:

- Vemos la silueta de un toro en el horizonte sobre la ladera de una colina e inmediatamente nos viene a la mente OSBORNE.
- Oímos cierta melodía o escuchamos alguna canción determinada, y nos trae a la mente un momento especial de nuestra vida.
- Olemos el pan recién horneado, la hierba segada, o cierto perfume y vienen recuerdos de la infancia a nuestra mente.

Todas ellas son anclas que conectan impactos sensoriales, es decir, algo percibido por nuestros canales visuales, auditivos o quinestésicos, con experiencias y recuerdos vividos. Así es como operan las *anclas*, y así es como se graban, estableciendo una relación visual, auditiva o quinestésica inmediata con el estado que se experimenta en ese momento; y, posteriormente, cuando quieras, basta con volver a reproducir el estímulo y el estado regresará. Por supuesto que los estados a fijar (anclas) pueden ser naturales o provocados. Puedes aprovechar el instante en el que, por las circunstancias que sea, se presenta un estado potenciador y anclarlo, o también puedes forzar, inducir a que la persona (o tú mismo) revive el estado que quieres anclar, y anclarlo. Los anclajes pueden ser, como ya hemos dicho, visuales (imágenes, luces, signos, señales, colores, etc.), auditivos (voces, palabras dichas con determinado énfasis, melodías, sonidos de cualquier naturaleza, etc.) y quinestésicos (toques-palmaditas, presión, golpecitos, etc.).

Conviene considerar que para que un anclaje sea eficaz es necesario que cumpla una serie de requisitos, sin los cuales su validez queda anulada y no funcionaría. Estas claves son:

a) *La intensidad del estado.* Cuanto mayor sea la intensidad de la experiencia vivida, mejor será la reavivación que posteriormente se produzca. Al anclar, y posteriormente reactivar el ancla, a lo más que podemos aspirar es a reproducir la misma intensidad del estado experimentado, por eso, cuanto más potente sea la vivencia, más posibilidades de recuperar el estado tendrá la persona.

b) *Sincronización con el punto álgido de la experiencia.* Cuando se experimenta cualquier estado interno (emoción, ánimo, recursos personales, o como le llamemos), éste tiene un proceso de inicio, desarrollo, cenit, decaimiento y desaparición. Como el lógico, nunca será lo mismo anclar en el punto álgido (cenit) que en la zona próxima al desvanecimiento del estado. Por ello, es conveniente estar muy atento y procurar anclar en el momento de máxima intensidad.

c) *Exclusividad del estímulo*. El estímulo es el disparador del estado anclado; es el ancla en sí, es decir, ese toque, esa palabra o señal que usaremos para desencadenar la experiencia. Si utilizas un estímulo demasiado común o de excesivo uso por parte del sujeto que anclas, perderá rápidamente su eficacia como ancla, ya que quedará solapada, confundida y anulada por otros impactos que nada tienen que ver con el ancla establecida. Por ejemplo: si anclas a una persona dándole la mano, como comúnmente se hace al saludar, ese ancla quedará anulada, ya que, en un muy corto período de tiempo, el sujeto dará muchas veces la mano en situaciones variadas y no siendo necesaria la estimulación del estado, que irá perdiendo su eficacia hasta desaparecer completamente. Es muy importante utilizar estímulos que no sean de excesivo uso cotidiano. Mucho mejor que pretender anclar dando la mano sería presionar en el hombro, en el brazo, palmear la espalda, o cosas así, que son poco comunes.

Otra salvedad importantísima a la hora de activar el ancla: el reestimulo tiene que ser exactamente igual que cuando se ancló. Si para instalar el ancla tocaste en el hombro derecho de la persona colocando la mano desde atrás y apoyando solamente tus dedos, de muy poco servirá si para reactivar el ancla le tocas en la zona superior del brazo desde delante y con los nudillos. Quiero decir con esto que es necesario que seas muy consciente de cómo estas anclando, y lo más preciso posible a la hora de activar el ancla. Otro ejemplo, si utilizas la afirmación: «¡Muy bien!», con un tono jovial, dinámico y enfático para instalar el ancla de un estado de confianza y seguridad en una persona cuando ese individuo ejecuta correctamente una acción, si posteriormente tiene un momento de inseguridad y quieres eliminarse transformándolo en un estado de seguridad como el anterior y le dices: «¡No te preocupes!», el ancla, como es lógico, no se activará, como tampoco si le dices:

«Bueno… bien», con voz floja y desganada. Para que ese sujeto recupere el estado de seguridad y confianza en sí mismo, tendrías de nuevo que volver a decirle: «¡Muy bien!» (con el mismo tono jovial, dinámico y enfático que usaste para instalarle el ancla).

d) *Repetición del estímulo.* Es evidente que cuantas más veces reancles, es decir, volvamos a instalar el ancla, mientras está el sujeto en ese estado óptimo, mucho mayor será la fuerza con la que se presentará el estado. Es como un refuerzo, una especie de acumulación del estado positivo.

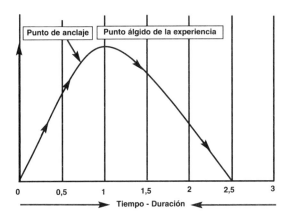

En resumen, podemos decir que los puntos básicos que determinan la optimización de un anclaje son:

a) La intensidad del estado.

b) Sincronización con el punto más álgido de la experiencia a anclar.

c) Exclusividad del estímulo.

d) Repetición del estímulo.

Todas las modalidades (V/A/K) para el anclaje funcionan si se es sistemático. La elección de un sistema u otro vendrá determinada por el tipo de respuesta que queramos obtener, el medio y las circunstancias. Si quieres tener la certeza de que cierto estado se va a reproducir inevitablemente cuando actives el ancla, debes establecer un anclaje simultáneo usando los tres canales sensoriales. Por ejemplo: si quieres que una persona se sienta completamente segura y tranquila ante cualquier situación de tensión, instalarás el anclar de ese estado de seguridad, confianza y tranquilidad utilizando la quinestesia (apretón en el hombro), la audición (¡A por todas!) y la visión (una expresión facial específica) previamente al momento de enfrentarse a ella, y luego, cuando esté en la situación crítica, le darás un apretón (quinestésico) en el hombro, diciéndole: ¡A por todas! (auditivo) y poniéndole esa expresión en tu rostro para que la vea (visual). De forma que, si falla una de las anclas, aún quedan las otras dos para que se activen los estados de recursos. Con este anclaje conseguirás dos objetivos: que el sujeto se encuentre rebosante de recursos (al menos emocionalmente sereno) durante el tiempo que dure la situación de tensión, y que se separe emocionalmente del momento y consiga un estado de relajación óptimo.

A continuación te propongo una práctica concreta que te ayudará a aprender más de los anclajes, y, especialmente, a instalarte un estado potenciador utilizable cada vez que lo necesites; se trata de un autoanclaje de cualquier recurso que quieras.

- Escoge una experiencia, cualquiera de tu vida, que realices frecuentemente y en la que te sientas seguro mientras la llevas a cabo, porque es una situación que dominas y conoces a la perfección.
- Te será más útil si, a partir de este momento mantienes los ojos cerrados y te dices: «¡¡Muy bien!!» (ancla auditiva, e incluso quinestésica, que previamente tenemos grabada).
- Recréate en lo que imaginas, en lo que ves de ese momento en el que estás realizando la acción que llevas a cabo con

total seguridad y confianza. Escucha lo que oyes y lo que te dices a ti mismo en este momento. Siente lo que sientes en esas circunstancias… (procede a anclar en un nudillo presionando sobre él durante cuatro o cinco segundos).

- A continuación, repetirás todo el proceso tres veces. Una vez completado todo el procedimiento, realiza un supuesto mental de la situación crítica para la que quiere utilizar esos nuevos recursos, es decir, imagínate que en el futuro próximo te encuentras ante esos hechos que antes te inquietaban, y observa tu nuevo comportamiento. ¿Qué tal ha resultado la experiencia? Si ha funcionado, te verás actuando en la futura situación de una forma más segura y eficaz.

Si el ancla es efectiva, te verás competente; si no es así, será conveniente repetir el proceso, pero esta vez asegurándonos de que la experiencia positiva lo sea en realidad y que tenga plena seguridad cuando la llevas a cabo.

¿Qué otros usos podemos darle a las anclas?

Son tantos los usos que sólo quedarán limitados por nuestra creatividad y por el dominio que alcancemos de la materia. Como principio general, ten en cuenta que un ancla es una forma de grabar y poder recuperar posteriormente cualquier estado. Por tanto, basta con saber qué estado anímico es el que necesitas para generarlo primero y traerlo después. Si tienes un sujeto inseguro, le anclarás una experiencia de seguridad, y, cuando se le vaya a presentar la inseguridad, activarás el ancla de seguridad. Si tienes una persona tensa y nerviosa, le anclarás un estado de relajación y serenidad vivido por ella, y, cuando lo necesite, sólo tendrá que recuperarlo. Una de las utilidades más eficaces y que personalmente recomiendo es lo que llamamos «ancla de la excelencia».

La técnica del «ancla de la excelencia» consiste en apilar, es decir, acumular toda una amplia gama de experiencias potenciadoras y positivas en una misma ancla, de forma que posteriormente, cuando se active el ancla, se alcance un estado anímico de plenitud de recursos. En este punto considero importante recordar una vez más que en PNL siempre trabajamos con la forma, no con el contenido, por tanto, es irrelevante lo que contengan las experiencias de referencia, lo único que importa es cómo nos las representamos y accedemos a ellas.

Pasos para el instalar un «ancla de la excelencia»:

Primer paso: recuerda y revive momentos en los que…
- Primero, alcanzaste un éxito. Poco importa la naturaleza del mismo; lo que interesa es que revivas el estado emocional de aquel momento. Pudo ser cuando aprobaste un examen, conseguiste un trabajo, realizaste una reparación, resolviste un problema, solucionaste un conflicto, etc. Cualquier cosa por pequeña (o grande) que sea, pero que para ti fuera realmente un éxito.
- Segundo, te reconocieron algo que hiciste. Al igual que en el punto anterior, puede ser algo aparentemente insignificante, pero que te proporcionara una satisfacción pública.
- Tercero, fuiste creativo, ingenioso y oportuno. Algo así como que supiste salir airoso de un atolladero. Insisto, cualquiera de nosotros a lo largo de su vida ha tenido momentos de éstos, aunque a veces están casi olvidados. Lo importante es traerlos de nuevo a tu mente para poderlos anclar.
- Cuarto, el momento en que fuiste realista, eficaz y competente. Esas situaciones en las que sacaste adelante lo que te propusiste, y, además, bien.

- Quinto, un momento en que estuviste seguro, tranquilo y resuelto.
- Sexto, un momento en que supiste manejar adecuadamente una reunión con un grupo de personas. No es necesario que fuera en una situación laboral o pública; sirven reuniones de amigos, encuentros familiares, etc.

Segundo paso: una vez identificada específicamente cada una de estas seis ocasiones, procede a anclar y apilar; para ello…

Tercer paso: busca primero un punto del cuerpo (puede ser el lóbulo de la oreja, la punta de la nariz, la parte inferior de la nariz, el mentón, etc.), y, cada vez que te ancles, como indicaré a continuación, lo harás en el mismo punto.

Cuarto paso: ahora toma la primera experiencia (éxito), y asociándote completamente a ella, revívela como si la estuvieses experimentando en ese instante. Introdúcete completamente en la situación. Recomiendo que leas y cierres los ojos, para determinar las respuestas y experimentar lo que ocurre; ánclate mientras mantienes las sensaciones, sonidos y recuerdos con los ojos cerrados.

Quinto paso: pregúntate y respóndete:
- ¿Cómo me siento cuando estoy en esta situación? En el momento que identifiques la sensación, ánclate (presionando durante 3-4 segundos en el punto elegido).
- ¿Cuando estoy en esa situación tengo alguna sensación corporal externa? Detecta la sensación y vuelve a anclarte.
- ¿Cómo respiro cuando me encuentro en ese estado? Identifica y ancla.
- ¿Qué es lo que oigo alrededor de mí en esos momentos? Localiza y ancla.
- Si hablo, ¿cómo suena mi voz? Ancla.
- ¿Puedo ver con nitidez y claridad lo que ocurre alrededor? *Ancla*.
- ¿Me imagino algo? Identifica y ancla.

- ¿Puedo oler, o tal vez me atrae algún olor en especial en esta situación? Identifica y ancla.
- ¿Recuerdo algún sabor especial? Ancla.
- Conforme se van identificando y detectando cada uno de los aspectos citados en las preguntas, se van anclando siempre en el mismo punto.

Sexto paso: repite toda la batería de preguntas, y vuélvete a anclar para cada una de las cinco experiencias de referencia.

Séptimo paso: una vez finalizada la operación, deja que transcurran 10 o 15 minutos, y activa el ancla (presiona en el punto anterior durante el mismo tiempo, 3/4 segundos, y con la misma intensidad) y observa como revives ese estado de excelencia.

A partir de aquí, lo único que tienes que hacer es usarlo; en la medida en que lo utilices se afianzará e incrementará la intensidad de la respuesta. Que le saques provecho está sólo en tu mano, ¡la que presiona el ancla!

Como verás, aquí ya no valen excusas: «Es que hoy tengo un mal día». «Es que hoy me he levantado con el pie izquierdo», «Es que hoy todo me sale mal». Eso ya no sirve, tienes tu «ancla de excelencia», que borra de un plumazo los «malos días», «los pies izquierdos» y, «el hecho de salir mal».

Así que tener éxito ahora sólo depende de ti mismo.

Otra ancla de poder es el «círculo de luz y prosperidad».

Piensa y alinéate en una experiencia en la que te hayas sentido rebosante de recursos y con todo lo que necesitabas, y de alguna forma en cercanía con tu ser interno, tu sabiduría interior, o, tal vez, cierto tipo de unión con Dios, con la unidad, con el todo. Si son estas situaciones diferentes puedes reunirlas (como has hecho en la práctica anterior) para revivir cada una de ellas progresivamente de menor a mayor intensidad.

Asóciate de nuevo con aquellas experiencias. Vuelve a ver lo que veías en el momento de vivirlas. Escucha lo que allí se podía oír. Recupera en tu cuerpo las sensaciones que entonces tuviste. Incrementa tanto como puedas los sentimientos de positividad, creatividad, eficacia, ternura, devoción, veneración, paz, serenidad, bendición y prosperidad. Y, cuando hayas alcanzado ese estado, imagina que delante de ti hay como un círculo de luz. Avanza dos pasos al frente y entra en ese círculo de luz que has imaginado ahí delante. Disfruta de tener un lugar de encuentro personal con tus mejores cualidades, con tu propia esencia, con el universo, la mente mayor o con el todo. En el punto álgido de la experiencia, instálate un ancla colocando tu mano derecha sobre el corazón.

Repite el proceso dos o tres veces más, hasta que se grabe bien el estado. Después de la última vez, colócate en segunda posición respecto a la mente mayor o al todo. Déjate llevar por el espíritu hasta las profundidades del todo. Piensa, siente y actúa desde el corazón del todo… Pasados unos minutos, atrévete a mirar a tu propio yo con los ojos del todo, de la mente mayor que es todo inteligencia y amor y te ama como nadie. Disfruta de esa mirada de amor infinito y eterno… Activa el ancla que instalaste en el corazón.

De nuevo, experimenta la cercanía del todo y la unión con él, que es todo. Disfruta cuanto puedas de su amor y su prosperidad infinitos… Activa el ancla del corazón y abre a continuación tus brazos. Despídete del todo, de la mente mayor, del universo inteligente que jamás ni un instante deja de amarte y regalarte sus energías vitales, su prosperidad, su alegría y felicidad. Disponte a utilizar el nuevo anclaje del corazón. Dondequiera que estés, en la calle, en casa, en la oficina, en la playa, en el cine o viajando, solo o en grupo, puedes avanzar dos pasos al frente e introducirte en el «círculo de luz y de prosperidad», o activar tu ancla apoyando tu mano en el corazón.

De ratón a corcel

A lo largo de mis treinta años de investigación y práctica de la mágica PNL, he encontrado cientos de personas que vivían dominadas por el miedo y que se bloqueaban ante la menor situación de riesgo o frente a lo desconocido. Eran individuos, hombres y mujeres, que se sentían incapaces de enfrentarse al mundo que les rodeaba, personas que por una u otra causa habían caído en las redes de lo que yo llamo «estados embrujados». Se trata, ni más ni menos, de los estados anímicos consecuencia de traumas, fobias, graves conflictos, etc., vividos y no superados a lo largo de los años, y que convierten al sujeto que los padece en ratón cuando en realidad es un brioso corcel.

En cierta ocasión se presentó en mi consulta una directiva de una empresa multinacional; la señora, de cuarenta y cinco años, sufría una fuerte aversión a las aves y a todo aquello que contuviera cualquier tipo de derivado (carne, plumas, estiércol, etc.). La fobia era tan fuerte que le había provocado dos graves accidentes automovilísticos al cruzar un pájaro próximo al parabrisas de su automóvil, y ella abandonar el volante para taparse los ojos y entrar en pánico. Incluso el simple olor a carne de ave le generaba tensión y náuseas. También le impedía caminar por zonas y ciudades donde abundan las palomas, lo que le generaba un grave trastorno en su carrera; para colmo, residía en una ciudad donde existe un gran número de palomas, y, como consecuencia, Celia, que así se llamaba la ejecutiva, no podía salir a caminar por las calles por temor de encontrarse las aves o simplemente las plumas. Por estas causas, su tensión y estrés eran tan grandes que constantemente se veía obligada a abandonar el trabajo para medicarse. Llegó a decirme que temía que la empresa se viera obligada a prescindir de ella. La mujer padecía la fobia desde pequeña y había sido tratada por los mejores especialistas sin resultado; lo más que le dijeron es que debía aprender a convivir con su fobia.

Tras un minucioso estudio de su sintomatología, concluí que la fobia no era otra cosa que la somatización de un trauma del que la paciente carecía de recuerdo consciente. Como no conocíamos el punto de inicio, no fue posible intervenir de inmediato, pero, tras un par de sesiones, di con el origen. Cierto día, cuando la mujer tenía tres años de edad y se divertía en un parque con otros amiguitos bajo la atenta vigilancia de su abuelo, la niña, muy traviesa y de espíritu aventurero, se puso a jugar en un pequeño estanque en el que nadaban algunos patos, gansos, ocas y cisnes. En determinado momento, y atraída por el grato aspecto de una de las ánades, la pequeña se abalanzó sobre ella, y la agarró del largo cuello para retenerla. La oca, al sentirse atrapada, comenzó a graznar, aletear y revolotear pretendiendo zafarse de su opresora hasta que se lanzó sobre la niña asentándole un fuerte picotazo en la nariz, a la vez que la arañaba con las palmas y la rodeaba con las alas toda la cara. La niña, que no esperaba tal reacción del ave, se asustó tanto que, queriendo retroceder para liberarse de la oca que llevaba enganchada en su rostro, tropezó y cayó de espaldas golpeándose en la cabeza y perdiendo el conocimiento. El abuelo la trasladó al servicio de urgencias médicas, y, tras los correspondientes chequeos y radiografías, dictaminaron que no existía ninguna lesión cerebral, tan sólo un susto que pronto superaría. La pequeña prosiguió a partir de ese momento con su aparente normalidad, como si no hubiera ocurrido nada, hasta que el trauma comenzó a dar la cara como una fobia años después.

Inmediatamente, una vez identificado el origen, procedí a aplicarle la técnica que seguidamente describo, y ese mismo día pudo salir a pasear tranquilamente por la ciudad donde vivía, y, hasta hoy, jamás ha vuelto a experimentar aquellos ataques de pánico, e ingiere carne de ave como cualquier otra persona.

También me encontré con varios casos de esta naturaleza con víctimas de accidentes de tráfico. Recuerdo a Jorge, un joven empresario que sufrió un aparatoso accidente con su BMW, del que salió con vida de milagro. Quince días en la UCI fueron suficientes para que desencadenara un grave trauma y una fobia a los automóviles. Desde aquel momento fue incapaz de conducir un automóvil; el estado de pánico que le sobrevenía le impedía incluso poner el vehículo en marcha. Esta situación le llevó a condicionar su trabajo hasta tal extremo que el negocio que hasta entonces iba viento en popa comenzó a hacer agua por varios costados. Ya no podía viajar con la facilidad de antes, dependía de terceros para la mayoría de sus desplazamientos, y al ser él quien llevaba la mayor parte de las gestiones comerciales, aquello suponía un fuerte freno y trastorno empresarial. Cuando vino a verme y le propuse resolver la situación para que todo volviese a la normalidad anterior a su accidente, no se lo creyó, pero aceptó realizar la técnica que le proponía. Hoy tiene otro BMW, conduce, y se recorre media Europa todos los meses.

Podría seguir relatando anécdotas de casos similares, pero no sería más que repetirme, así que a continuación te propongo que aprendas a usar esta mágica herramienta que ahora pongo en tus manos.

La primera recomendación es que la utilices contigo mismo, para borrar de un plumazo cualquier mal recuerdo que tengas. Da igual que sea reciente o de hace veinte años, ya que funciona con idéntica eficacia. Puedes aplicarla para eliminar traumas, fobias, miedos, aversiones, imágenes desagradables grabadas en tu mente, recuerdos negativos del pasado, estados desagradables consecuencia de discusiones o enfados, e incluso recuerdos de errores cometidos.

La técnica para volver a ser un corcel

Lo primero es tener clara la experiencia limitante que deseas neutralizar. Es decir, ese recuerdo que, de algún modo, te genera un estado de tensión, bloqueo o incomodidad interna. Una vez que sepas exactamente qué es lo que quieres eliminar, procederás del siguiente modo:

- Sitúate en un lugar donde sepas que al menos durante media hora nadie te va a molestar. Acomódate y relájate un poco para que te sea más fácil visualizar las secuencias que seguidamente te indicaré.

- Ahora imagina que estás en este momento en una sala de cine sentado en una butaca, mirando la pantalla. En la pantalla, en una proyección pequeña y en blanco y negro, te ves a ti mismo haciendo algo neutro, cualquier cosa (cepillándote los dientes, paseando, leyendo, etc.).

- A continuación, imagínate que sales de ti, de tu cuerpo, y te diriges flotando hacia la cabina de proyección. Una vez dentro de ella, puedes verte sentado allá abajo en la butaca del cine mirando la pantalla en la que ves la escena que protagonizas, esa en la que estás haciendo cualquier cosa neutra (observa el dibujo).

- Ahora, mientras estás en la cabina, cambia la imagen que hay en la pantalla y proyecta en ella una película en blanco y negro de ti mismo reviviendo la experiencia que quieres eliminar (la situación molesta, incómoda, fóbica o traumática) y que has decidido «neutralizar».

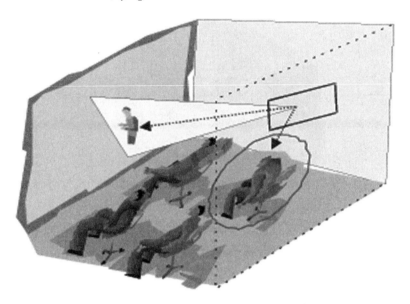

- Iniciarás la proyección del hecho a neutralizar un momento antes de que comience la situación molesta (traumática, fóbica, o con carga emocional negativa). Empieza la proyección un poco antes. Un momento previo en el que tú te encontrabas perfectamente, en el que no ocurría nada, y continúa después con todo lo sucedido. Mira la película hasta el final, todo lo que sucedió hasta que todo terminó y volvió a la normalidad, es decir, cuando acabó la situación embarazosa.

¡Has de procurar, mientras dure la proyección, mantenerte alejado de la pantalla; recuérdalo constantemente. Si notas que la pantalla se te aproxima, o si tú te introduces en ella, debes salir inmediatamente y seguir viéndote como un espectador que lo mira todo desde la sala de máquinas. Y volviendo una y otra vez debes decirte: «Muy bien, estoy en la cabina y puedo verme allá abajo sentado y también me estoy viendo en la película».

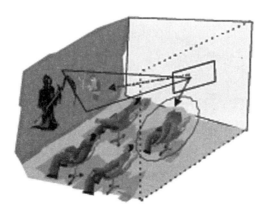

«Me mantengo lejos de la pantalla, estoy en la cabina observando todo desde aquí.»

«La cabina y la pantalla están a una distancia considerable.»

Estas frases es conveniente que te las repita a lo largo de toda la proyección. Si te introduces en la pantalla, la técnica no funciona, por eso es tan importante que te mantengas siempre lejos de ella viéndolo todo desde la cabina como si fueses un espectador de aquellos hechos que quieres neutralizar.

- Cuando hayas finalizado de proyectar esa situación y todo vuelva a la normalidad (es decir, cuando la situación generadora del conflicto concluyó), detén la película congelando la imagen. Todo ya está bien, ¿es así?
- A continuación, saltarás hasta la pantalla y te introducirás dentro de esa imagen que congelaste, dándole color, e incluso sonido. Y, RÁPIDAMENTE, muy rápidamente como si rebobinaras aceleradamente la cámara, proyecta la película hacia atrás. Será como si el tiempo hubiese cambia-

do de dirección a cámara rápida, marcha atrás. Tú y todos los personajes que han intervenido en la película se mueven al revés, como cuando le damos hacia atrás al vídeo, y así, hasta que llegues al principio donde iniciaste la proyección, antes de que ocurriera nada cuando todo estaba bien para ti.

- Ahora, sitúate de nuevo en tu asiento del patio de butacas del cine, y, desde ahí, observa la película que acabas de proyectar, esa experiencia que has visto antes y que tú protagonizabas. Pero recuerda que ahora estás sentado en el patio de butacas. Comprueba que la experiencia recodificada (incómoda, traumática o fóbica) ha quedado completamente neutralizada. Es decir, no te produce ningún tipo de emoción, como si la cosa ya no fuera contigo.
- Si por casualidad aún quedaran residuos emocionales que te incomodan o persisten ciertos síntomas, vuelve a repetir el proceso desde el principio procurando mantenerte todo el tiempo alejado de la experiencia, lejos de la pantalla durante la proyección.
- Si quieres borrar completamente el recuerdo, repite todo el proceso completo por lo menos siete veces o más, tantas como sean necesarias hasta que el recuerdo desaparezca y casi te resulte imposible proyectar y ver la película de la situación neutralizada.

Hacer realidad los sueños

De nada serviría todo lo expuesto, lo practicado y aprendido, si no se establece un hilo conductor que encauce el trabajo hecho. Es necesario, tanto aquí como en todos los órdenes de la vida, tener un plan de acción perfectamente diseñado y objetivo, y eso es lo que vas a efectuar a continuación. Se trata de construir tu futuro, dibujar un mapa de tus sueños para que éstos se transformen en realidad y que puedas dirigirte con éxito adonde tú quieras.

Construcción del futuro deseado

Para ello, tomarás diez ámbitos de la vida, sobre los que esbozarás tu nueva existencia potenciadora y próspera. Toma una libreta y plasma todas las respuestas que te vayas dando. Te sugiero que redactes con rapidez, manteniendo el bolígrafo en movimiento; no te coartes, deja volar tu imaginación, no te censures y escribe lo que se te ocurra.

Para empezar, pregúntate y escribe:
- ¿Qué desearía para mi vida si supiera que puedo alcanzar todo aquello que desee?
- ¿Qué estaría dispuesto a hacer si supiera que no puedo fracasar?

No pienses durante esta primera parte cómo lo conseguirías. Céntrate en descubrir cuál es tu verdadero deseo, sin cuestionar, ni dudar, de tu capacidad para alcanzar o recibir lo que te propongas.

Recuerda lo que hemos dicho anteriormente, si dejas que tu inspiración y tu mente fluyan; el poder que se liberará en tu interior encontrará un camino para manifestar su deseo. Luego añádele «pulsión vital» a esos deseos, y la materialización surgirá.

En la parte referente al diseño de tu futuro, no es necesario que seas demasiado específico, como, por ejemplo: «Quiero un chalet en Sotogrande en Cádiz, con muebles de diseño de color blanco o marfil, con alguna salpicadura de color aquí y allá…, ah, y sin olvidar los *kilim* antiguos, y el jardín mediterráneo con fuentes árabes». Escribe simplemente: «Casa de ensueño con jardín. Cádiz». Ya completarás más tarde los detalles.

Así pues, cuando llegue el momento de redactar tus objetivos de futuro, sitúate en un estado mental de fe absoluta y certeza completa en tu capacidad para crear cualquier cosa que desees. Imagínate que vuelves a ser un niño en la víspera de Navidad o de Reyes. Estás escribiendo la carta con tu pedido. ¿Recuerdas cómo era esa situación? En esos momentos, los niños no tienen la menor dificultad en generar una lista inmensa, divertida y abundante, en la que pueden llegar a decir: «Voy a escribir lo que quiero. Quiero un coche eléctrico grande para poder pasearme en él. Bueno, mejor quiero dos, uno para mi hermanito y otra para mí». Probablemente, el papá se volvería hacia él y exclamaría: «Pero, ¿qué dices? ¿Estás loco? Tendrás mucha suerte si consigues un coche y a lo sumo de pedales». Ya seremos prácticos más tarde, pero, por el momento, limítate a seguir las instrucciones del ejercicio concediéndote a ti mismo la oportunidad de explorar la posibilidad de la vida sin límite alguno.

Si quieres puedes comenzar.

Antes de todo tienes que construir una imagen mental completa de ti mismo en el futuro. En ese momento del futuro en el que quieres haber alcanzado todos tus objetivos y vivir en ese estado de prosperidad, de posesión de aquello que deseas. Con la edad que tengas en ese momento, especificando exactamente el tiempo al que te trasladas. Asóciate totalmente a la imagen sintiendo, introdúcete en su pellejo, viendo, oliendo, oyendo, gustando y diciéndote todo aquello que harías en ese momento y tiempo. Describe ampliamente todo lo que pretendes para tu porvenir, sin escatimar nada; para ello, te sugiero alguna de las siguientes preguntas:

- ¿En qué te gustaría mejorar tu cuerpo físico?
- ¿Cuáles son tus objetivos para el desarrollo mental y social?
- ¿Te gustaría aprender a hablar otro idioma, por ejemplo?
- ¿O a leer rápidamente?
- ¿Te serviría de algo leer todas las obras de Cervantes, Unamuno u Ortega y Gasset?
- Desde el punto de vista emocional, ¿qué te gustaría experimentar, alcanzar o dominar en tu vida? Quizá quieras ser capaz de romper instantáneamente pautas de frustración o rechazo. Quizá desees sentir compasión por esas personas hacia las que solías sentir cólera.
- ¿Cuáles son algunos de tus objetivos espirituales?
- ¿Quieres experimentar una mayor sensación de conexión con el Creador o tener un sentimiento expandido de compasión por tu vecino?
- ¿Qué te gustaría aprender?
- ¿Cuáles son algunas de las habilidades que te gustaría dominar?
- ¿Cuáles son algunos de los rasgos de tu carácter que te gustaría desarrollar?
- ¿Quiénes deseas que sean tus amigos?
- ¿Quién quieres llegar a ser?
- ¿Qué podrías hacer por tu bienestar físico?

De este modo, preguntándote así, debes construir esa visión que se requiere para empezar.

- ¿Quieres llegar a dominar tu miedo a volar en avión?
- ¿O a hablar en público?
- ¿O a nadar?
- ¿Estudiar los manuscritos del mar Muerto, los jeroglíficos egipcios o mayas?
- ¿Canto o baile?
- ¿Qué niveles de abundancia económica y financiera deseas alcanzar?

- ¿A qué posición deseas llegar?
- ¿Deseas ganar 50.000 euros al año, 100.000, 500.000, un millón, diez millones al año?
- ¿Tanto que no puedas ni contarlo?
- ¿Cuáles son los objetivos que tienes establecidos para tu empresa?
- ¿Te gustaría convertirte en el líder de tu sector?
- ¿Cuánto quieres que valga tu red de ventas o de multinivel?
- ¿Cuándo quieres jubilarte?
- ¿Cuántos ingresos por inversiones te gustaría alcanzar para no tener que seguir trabajando?
- ¿A qué edad quieres alcanzar la independencia financiera?
- ¿Te gustaría poder constituir una empresa excitante desde el principio, comprar una colección de obras de arte, iniciar un servicio de comidas rápidas, invertir en los fondos del tesoro, crear una ONG o una fundación?
- ¿Cuánto quieres ahorrar para ofrecer a tus hijos una educación universitaria en el extranjero?
- ¿Cuánto quieres poder gastar en viajes y aventuras?
- ¿Cuánto quieres poder gastar en caprichos?
- ¿Cuáles son los objetivos de tu carrera?
- ¿Qué te gustaría aportar a tu empresa?
- ¿Te gustaría convertirte en gerente, supervisor, director, en un ejecutivo?
- ¿Cómo te gustaría que te conocieran dentro de tu profesión?
- ¿Qué clase de impacto social te gustaría tener?
- ¿Cómo podrías contribuir al desarrollo de la humanidad?
- ¿Te gustaría ayudar a construir un refugio para los que no tienen hogar, adoptar un niño, participar voluntariamente en una cocina popular, leerles a los ciegos, visitar a un hombre o una mujer que cumpla sentencia en prisión,

trabajar voluntariamente con la Cruz Roja durante seis meses, llevar globos y regalos al orfanato en Navidad?

- ¿Tal vez quieres ayudar a proteger la capa de ozono, limpiar los océanos, eliminar la discriminación racial, detener la destrucción de los bosques tropicales?
- ¿Qué podrías crear?
- ¿Qué inventos te gustaría alumbrar?
- ¿Te gustaría inventar algo que ayudara a mejorar la calidad de vida del planeta, la máquina del movimiento perpetuo para eliminar los carburantes contaminadores, desarrollar un vehículo que funcione con desechos, diseñar un sistema para distribuir alimentos a todos los que tuvieran hambre?

Cuando te hayas cuestionado algunas o muchas de las preguntas anteriores, y tengas tu imagen del futuro, averigua lo siguiente y escribe tus respuestas a:

- ¿Qué quiere mi *yo* del futuro que haga *yo* (yo de hoy)?

Ahora haz una valoración objetiva, tanto positiva como negativamente, de tu *yo* en el presente, en todas las áreas que a continuación se indican.

Pregúntate:
- ¿Es lo que quiero?
- ¿Me satisface mi situación presente?
- ¿Es lo que yo quería para mí en el presente?
- Respecto al tipo de vida: vivienda, el lugar en el que vives, ciudad, barrio, vecindario, etc.

- ¿Y en lo referente a las relaciones personales?: pareja, la tengas o no, relación amorosa, sexualidad, amistad, etc.

- ¿Y en lo relativo al estado físico?: salud, resistencia, estrés, etc.

- ¿Sobre la carrera?: ¿trabajo que tienes?, ¿proyección?, ¿inquietudes profesionales?

- Y el aspecto económico, ¿cómo va?: situación económica, ingresos, disponibilidad económica, ahorros, etc.

- Y en cuanto a lo trascendente y la espiritualidad, ¿te cuestionas sobre el Más Allá?, ¿sobre la religión?, ¿las creencias sobrenaturales?, ¿Dios?, etc.

- ¿Cómo estás de aspecto físico? ¿Tu presencia, tu imagen es la adecuada?

- ¿Te cultivas mentalmente? ¿Procuras un desarrollo personal?

- ¿Estás emocionalmente equilibrado? ¿Tienes inteligencia y un dominio emocional adecuado?

- ¿Cómo es tu proyección social? ¿Estás satisfecho de tus relaciones sociales? ¿y del prestigio que tienes, de la fama?

A continuación, una vez respondidas todas las preguntas anteriores y utilizando el cuadro siguiente, puntúa cada uno de los aspectos anteriores en función a como consideres que se encuentran en el presente. Escribe al lado una frase resumen de cada uno de ellos.

En el presente	Puntos	Frase
Físicamente		
Mentalmente		
Emocionalmente		
Atractivo		
Relaciones		
Tipo de vida		
Socialmente		
Espiritualmente		
Carrera		
Financieramente		

Ahora haz lo mismo, pero, recordando tu situación, hace CINCO AÑOS en esas mismas áreas de tu vida, y puntúalas o escribe una frase resumen.

A la vista de ambos cuadros, considera y valora cómo tu comportamiento y conductas desencadenaron (para bien o para mal) tu actual situación. Tómate tiempo para analizar detenidamente cada proceso en todos los apartados. Hazlo del modo siguiente: al hacer tal cosa conseguí que... (para bien o para mal)... y es como estoy ahora. Las conclusiones las escribes en la lista que sigue. Éste es un paso muy importante, ya que te permite identificar tanto tus estrategias operativas y potenciadoras, como las inoperantes.

Respecto al tipo de vida: vivienda, el lugar en el que vives, ciudad, barrio, vecindario, etc.

Por ejemplo: al comprar la casa actual no valoré el barrio y ahora no podemos dormir por las noches los fines de semana por el ruido de los bares y terrazas.

Hace cinco años	Puntos	Frase
Físicamente		
Mentalmente		
Emocionalmente		
Atractivo		
Relaciones		
Tipo de vida		
Socialmente		
Espiritualmente		
Carrera		
Financieramente		

- ¿Y en lo referente a las relaciones personales?: pareja, la tengas o no, relación amorosa, sexualidad, amistad, etc.

- ¿Y en lo relativo al estado físico?: salud, resistencia, estrés, etc.

- ¿Sobre la carrera?: ¿trabajo que tienes?, ¿proyección?, ¿inquietudes profesionales?

- Y el aspecto económico, ¿cómo va?: situación económica, ingresos, disponibilidad económica, ahorros, etc.:

- Y en cuanto a lo trascendente y la espiritualidad, ¿te cuestionas sobre el Más Allá?, ¿sobre la religión?, ¿las creencias sobrenaturales?, ¿Dios?, etc.

- ¿Cómo estás de aspecto físico? ¿Tu presencia, tu imagen es la adecuada?

- ¿Te cultivas mentalmente? ¿Procuras un desarrollo personal?

- ¿Estás emocionalmente equilibrado? ¿Tienes inteligencia y un dominio emocional adecuado?

- ¿Cómo es tu proyección social? ¿Estás satisfecho de tus relaciones sociales? ¿Y del prestigio que tienes, de la fama?

Imagínate ahora de qué manera tu situación sería peor si te hubieses comportado de un modo mucho más inadecuado, inmaduro, imprudente, irresponsable, compulsivo, colérico, etc., durante los cinco últimos años.

Procura ser todo lo explícito posible y responde ampliamente hacia dónde te hubiese conducido la vida en cada una de las áreas de haber hecho peor las cosas de lo que lo hiciste. Las respuestas debes plantearlas sobre la base de lo ya dicho. Reflexiona y observa qué es lo que podría haber ocurrido.

- Respecto al tipo de vida: vivienda, el lugar en el que vives, ciudad, barrio, vecindario, etc.

- ¿Y en lo referente a las relaciones personales?: pareja, la tengas o no, relación amorosa, sexualidad, amistad, etc.

- ¿Y en lo relativo al estado físico?: salud, resistencia, estrés, etc.

- ¿Sobre la carrera?: ¿trabajo que tienes?, ¿proyección?, ¿inquietudes profesionales?

- Y el aspecto económico, ¿cómo va?: situación económica, ingresos, disponibilidad económica, ahorros, etc.

- Y en cuanto a lo trascendente y la espiritualidad, ¿te cuestionas sobre el Más Allá?, ¿sobre la religión?, ¿las creencias sobrenaturales?, ¿Dios?, etc.

- ¿Cómo estás de aspecto físico? ¿Tu presencia, tu imagen, es la adecuada?

- ¿Te cultivas mentalmente? ¿Procuras un desarrollo personal?

- ¿Estás emocionalmente equilibrado? ¿Tienes inteligencia y un dominio emocional adecuado?

- ¿Cómo es tu proyección social? ¿Estás satisfecho de tus relaciones sociales? ¿Y del prestigio que tienes, de la fama?

- Ahora determina qué podrías haber hecho, no lo que hiciste, durante los cinco últimos años, que te habría llevado a una situación actual mucho mejor de lo que es hoy.

Para contestar, en primer lugar, respóndete a la pregunta: ¿qué podría haber hecho con respecto a… (cada una de las áreas en cuestión)…? O, ¿si en lugar de hacer o decidir tal cosa, hubiera decidido tal otra, ahora estaría mucho mejor? Escribe las respuestas.

- Respecto al tipo de vida: vivienda, el lugar en el que vives, ciudad, barrio, vecindario, etc.

- ¿Y en lo referente a las relaciones personales?: pareja, la tengas o no, relación amorosa, sexualidad, amistad, etc.

- ¿Y en lo relativo al estado físico?: salud, resistencia, estrés, etc.

- ¿Sobre la carrera?: ¿trabajo que tienes?, ¿proyección? ¿inquietudes profesionales?

- Y el aspecto económico, ¿cómo va?: Situación económica, ingresos, disponibilidad económica, ahorros, etc.

- Y en cuanto a lo trascendente y la espiritualidad, ¿te cuestionas sobre el Más Allá?, ¿sobre la religión?, ¿las creencias sobrenaturales?, ¿Dios?, etc.

- ¿Cómo estás de aspecto físico? ¿Tu presencia, tu imagen es la adecuada?

- ¿Te cultivas mentalmente? ¿Procuras un desarrollo personal?

- ¿Estás emocionalmente equilibrado? ¿Tienes inteligencia y un dominio emocional adecuado?

- ¿Cómo es tu proyección social? ¿Estás satisfecho de tus relaciones sociales? ¿Y del prestigio que tienes, de la fama?

Una vez hecho todo lo anterior, en primer lugar, te vas a imaginar dos cuadros del futuro para dentro de cinco años; el primer cuadro albergará las experiencias, objetivos y situaciones que quieres realmente; el segundo cuadro estará constituido por las experiencias y situaciones que, de hecho, no quieres que acontezcan bajo ningún concepto. Ambas experiencias deben ser completas: ¿dónde estarás?, ¿con quién?, ¿qué estarás haciendo?, y, ¿cómo te sentirás? Cada cuadro debe contener una impactante representación del futuro, tanto del deseado como del no deseado.

A continuación, haz una descripción gráfica muy detallada de ambos futuros en los cuadros correspondientes que siguen:

FUTURO DESEADO	FUTURO NO DESEADO

Ahora, mirando a tu futuro deseado, pregúntate a ti mismo:

- ¿Cómo puedo hacer seguir que eso acontezca?
- ¿Qué pasos tengo que seguir?
- ¿Hay algo más que yo pueda hacer?
- ¿Si hubiese algo más qué sería?

A continuación escribe: COSAS QUE VALE LA PENA HA-
CER EN CADA ASPECTO PARA ALCANZAR MI FUTURO
DESEADO:

- Con respecto al tipo de vida: vivienda, el lugar en el que vives, ciudad, barrio, vecindario, etc.

- ¿Y en lo referente a las relaciones personales?: pareja, la tengas o no, relación amorosa, sexualidad, amistad, etc.

- ¿Y en lo relativo al estado físico?: salud, resistencia, estrés, etc.

- ¿Sobre la carrera?: ¿trabajo que tienes?, ¿proyección?, ¿inquietudes profesionales?

- Y el aspecto económico, ¿cómo va?: situación económica, ingresos, disponibilidad económica, ahorros, etc.

- Y en cuanto a lo trascendente y la espiritualidad, ¿te cuestionas sobre el Más Allá?, ¿sobre la religión?, ¿las creencias sobrenaturales?, ¿Dios?, etc.

- ¿Cómo estás de aspecto físico? ¿Tu presencia, tu imagen, es la adecuada?

- ¿Te cultivas mentalmente? ¿Procuras un desarrollo personal?

- ¿Estás emocionalmente equilibrado? ¿Tienes inteligencia y un dominio emocional adecuado?

- ¿Cómo es tu proyección social? ¿Estás satisfecho de tus relaciones sociales? ¿Del prestigio que tienes, de la fama?

Después de que hayas identificado los comportamientos que te llevarían al futuro deseado, también es preciso que te percates y tomes buena nota de los comportamientos que te conducirían al futuro indeseado; en consecuencia, vas a escribir también: COMPORTAMIENTOS, ACTITUDES, ACCIONES Y OTRAS COSAS QUE DEBEN SER EVITADAS:

- Respecto al tipo de vida: Vivienda, el lugar en el que vives, ciudad, barrio, vecindario, etc.

- ¿Y en lo referente a las relaciones personales?: pareja, la tengas o no, relación amorosa, sexualidad, amistad, etc.

- ¿Y en lo relativo al estado físico?: salud, resistencia, estrés, etc.

- ¿Sobre la carrera?: ¿trabajo?, ¿proyección?

- Y referente el aspecto económico, ¿qué debo evitar?

- Y en cuanto a lo trascendente y la espiritualidad, ¿te cuestionas sobre el Más Allá?, ¿sobre la religión?, ¿creencias sobrenaturales?, ¿Dios?, etc.

- ¿Sobre el aspecto físico? ¿Presencia, imagen?

- ¿Sobre el desarrollo mental?

- ¿Emocionalmente, qué deberías evitar?

- ¿Y socialmente? ¿Con respecto a las relaciones sociales?

Asegúrate de que el rechazo se halla totalmente asociado a la vieja pauta. Al pensar en tu comportamiento o sentimiento pasado, ¿te imaginas ahora y sientes aquellas cosas negativas que hiciste o dejaste de hacer como dolorosas, en lugar de como agradables?

Por otra parte, asegúrate de que el placer se halla totalmente asociado al nuevo patrón al pensar en tu nuevo comportamiento o sentimiento. ¿Te imaginas ahora y sientes las cosas positivas que vas a realizar como placenteras, en lugar de como dolorosas? El nuevo comportamiento o sentimiento, ¿es estable con los valores, creencias y reglas de tu vida?

Recuerda que toda conducta tiene una intención positiva, y la que quieres eliminar, por supuesto, también la tiene o la tuvo. El nuevo comportamiento o sentimiento, ¿te sigue permitiendo obtener los beneficios y el placer que solías obtener del viejo modelo? Compruébalo: imagínate a ti mismo comportándote de este nuevo modo en el futuro. Imagínate aquello que te habría impulsado a adoptar la anterior pauta. Asegúrate de que, al hacerlo, puedes utilizar la nueva forma de actuar en lugar de la antigua. Estas representaciones son ahora un recurso que puede ser utilizado para poder conocer continuamente si estás progresando rumbo a tu futuro deseado o hacia el indeseado.

Por último, te recomiendo que tomes una cartulina de tamaño grande, un pliego, y pegues en ella fotografías, recortes de revistas, o dibujos que te hagan recordar todas las imágenes de cada una de las áreas. Una vez realizado el *collage*, cuélgalo en la pared de tu habitación o sala en la que lo puedas ver con frecuencia.

Expandir la conciencia: viajar en el tiempo

Una de las cualidades que más ha sorprendido siempre ha sido el poder que poseen los magos para viajar en el tiempo. Los profanos en la materia han cuestionado estas capacidades, poniendo en duda su verosimilitud, alegando como argumento que es imposible viajar al pasado o al futuro, que no existe máquina capaz de realizar esa traslación.

Desde que Einstein publicó su teoría de la relatividad, la mayoría de la gente ha comenzado a considerar el tiempo de modo muy distinto. Una cosa es el tiempo en la Tierra que medimos por rotaciones de nuestro planeta, y otra bien distinta es el tiempo desde el espacio exterior de cada planeta, que se mediría en términos de circunvalación solar y otra si lo valoramos desde una perspectiva galáctica. También es bien sabido que cada persona vive el tiempo de forma completamente diferente en distintos momentos y dependiendo de las circunstancias. Mientras experimentamos situaciones placenteras y potenciadoras, las horas parecen minutos, y, sin embargo, en los momentos de tedio o agobio, un minuto se nos puede antojar una hora. Esto nos lleva a concluir que la concepción del tiempo es completamente subjetiva, que una cosa es la evolución de las manillas o los dígitos de un reloj, y otra muy distinta es cómo se vive el tiempo.

El ser humano tiene la posibilidad de experimentar el tiempo en toda su dimensión, de estirarlo o de reducirlo a voluntad, de expandir su experiencia temporal produciendo cambios en la mente al adquirir una nueva perspectiva supratemporal y holística que le permitan adquirir un dominio de lo que podríamos llamar, «omnitemporalidad».

Tú puedes obtener como mago una nueva perspectiva de la realidad; para ello, acostumbra a tu mente a que se expanda y abarque nuevos espacios temporales.

Colócate sentado frente a una pared diáfana, lisa y sin adornos. Entre tú y la pared vas a colocar una planta viva, a la altura de tu pecho, al alcance de sus brazos. Procura que la estancia esté iluminada tenuemente (una vela puede servir de iluminación).

Tal como indica el dibujo.

Ahora mira atentamente la planta que tienes ante ti y experimenta profundamente, en tu interior, lo que sientes en ese instante (esto es, estar completamente consciente de lo que estás viendo, oyendo, sintiendo, gustando y oliendo ahora mismo). Experiméntate y siente a la planta con sendos seres vivos compañeros de viaje en la evolución del planeta.

Una vez que seas capaz de experimentar en ti mismo, total y concretamente este aquí y ahora, este presente consciente en tu cuerpo, extiende tu mano derecha y toca la planta que tienes ante ti. Mantén durante un momento el contacto transmitiéndole y recibiendo interna y conscientemente toda la experiencia de estar vivos. Retira la mano, cierra los ojos, lleva la mano al centro del pecho, respira profundamente, y baja la mano.

Mirando nuevamente a tu compañera la planta, expande tu percepción del tiempo desde el momento inmediato del contexto de esta actividad hacia una estructura temporal de todo el día (o desde que te levantaste esa mañana). Continúa expandiéndote más allá, hacia el período de vida en el que te encuentras; sigue expandiéndote hacia toda tu vida, hacia una estructura temporal mayor que tu vida: la de tus padres, la de tus abuelos, la de las generaciones que te precedieron en el tiempo, a la llegada del hombre a nuestro planeta, a las eras del planeta, y así hasta el principio de los tiempos. Expande el tiempo hacia el pasado, y, seguidamente, hacia el futuro: hacia el futuro de tu vida, de la de tus hijos, de los hijos de tus hijos, hasta el fin de la humanidad, y más allá, hasta el fin del planeta, del Sistema Solar, y hasta el infinito. Experimenta con el otro ser vivo (la planta) como dos esencias con una misión conjunta y, teniendo una oportunidad para que el infinito se manifieste a través de vosotros.

Cuando seas capaz de experimentar que una sensación de tiempo eterno o atemporal se está aproximando, levanta la mano izquierda y toma de nuevo la planta que se encuentra frente a ti. Mantente en contacto lo suficiente para poder transmitirle a ese otro ser vivo la experiencia que se desarrolla en ti. Retira la mano, cierra los ojos, lleva la mano al centro del pecho y respira profundamente.

Una vez realizada esta segunda parte, mira fijamente a la planta, como si ella tuviese ojos y te mirara fijamente también a ti. Entonces extiende ambas manos y, como si de un abrazo se tratara, sujeta la planta. En este estado pensarás en «tres deseos» de energía cósmica u holística (vida, desarrollo, cura, beneficio espiritual, salud, desarrollo, etc.), uno para ti mismo otro para (la planta o la naturaleza en ella representada) y un tercero para alguien que no esté presente.

Es recomendable que al finalizar todo el proceso permanezcas en un estado de recogimiento y serenidad y que te beneficies al máximo de la expansión de conciencia percibida.

LOS DOS HOMBRES Y LA MARIPOSA

Érase una vez dos hombres cansados que llegaron a la orilla de un río una tarde de verano. Realizaban un largo viaje juntos, y pararon allí para descansar. Poco después, el más joven se quedó dormido; mientras tanto, el otro se quedó observando su boca abierta. ¿Me creeríais si os dijese que una pequeña criatura, que según su aspecto era una mariposa, salió volando de dentro de sus labios?

La mariposa voló directamente a una pequeña isla en medio del río, en donde se posó en una flor y libó su néctar. Seguidamente, se puso a revolotear en torno a aquel peñasco, que le debía parecer enorme para un insecto de su tamaño, disfrutando del sol y la suave brisa. Después se encontró con otra mariposa, y juntas danzaron en el aire como en una fiesta de enamorados.

La primera mariposa se posó otra vez en un tallo que se balanceaba ligeramente. Más tarde, después de un momento o dos, se reunió con una nube de insectos grandes y pequeños, de los más variados tipos que se agitaban en torno a los restos de un animal que yacía en la verdeante hierba. Pasaron, después de varios minutos.

Distraídamente, el hombre despierto arrojó una piedrecilla al agua, muy cerca de la isla. Las olas que se formaron salpicaron a la mariposa, que de momento, casi naufraga, pero seguidamente, con dificultad; sacudió las salpicaduras de agua de sus alas y recomenzó a volar rápidamente en dirección a la boca del hombre que dormía.

Pero, en ese momento, el otro viajero tomó una hoja grande que colocó delante del rostro del compañero para ver lo que la mariposa hacía. La pequeña criatura envistió contra el obstáculo repetidas veces, como con pánico, en tanto que el hombre dormido comenzaba a estremecerse y a gemir.

El hombre que atormentaba a la mariposa retiró la hoja y ella voló, rápida como una flecha, hacia el interior de la boca abierta. Nada más entrar en la boca, el hombre se estremeció de nuevo y despertó. Entonces él le dijo a su amigo:

—Acabo de tener una experiencia muy desagradable, una terrible pesadilla. Soñé que vivía en un castillo seguro y agradable, pero estaba inquieto y resolví explorar el mundo exterior. En mi sueño, viajé por medios mágicos hasta un país distante, en donde todo era alegría y placer. Por ejemplo, bebí todo lo que quise de una taza de ambrosía. Conocí a una mujer de belleza incomparable y bailé con ella, viviendo las alegrías de un verano sin fin. Me divertí con buenos compañeros, personas de todas las especies y condiciones, naturalezas, ideas y tipos físicos. Hubo algunas cosas tristes, pero sólo sirvieron para enfatizar los placeres de aquella existencia.

Esa vida duró muchos años. De repente, y sin ningún tipo de aviso, aconteció una catástrofe: enormes olas invadieron aquella tierra. Yo me mojé todo y casi me ahogo. Me vi corriendo en precipitada vuelta a mi castillo, como si tuviese alas. Pero cuando llegue a las puertas no conseguí entrar. Una inmensa barrera verde había sido levantada por un gigantesco espíritu maligno. Yo arremetí contra esa barrera, empujando varias veces, más ella no cedió. De repente, cuando sentía que estaba a punto de morir, recordé una palabra mágica que servía para disipar encantamientos. Tan pronto la pronuncié, la gran muralla verde cayó como una hoja al viento. Pude entrar en mi casa otra vez y vivir en seguridad desde ese día en adelante. Pero estaba tan asustado que me desperté.

5

La impecabilidad del mago

Creer que hemos llegado,
Ese es el problema:
Creer que hemos llegado.

SALVADOR A. CARRIÓN

Hemos visto a lo largo de todo el libro que el modo de evolucionar, sintonizarse con la *magia*, con las fuerzas generadoras de bienes que hacen ser libres y eficaces es tan simple que quizás más de uno se sienta tentado en descartarlo, por ser demasiado sencillo para que funcione. El hombre y la mujer están tan adiestrados a creer que sólo lo complejo o incomprensible es beneficioso que rechazan lo obvio y evidente. Es como si despreciaran el agua por ser natural y transparente y eligieran lodo pantanoso por ser más denso y trabado. Sin embargo, insisto en que no te dejes engañar por las apariencias. Estás ante una de las herramientas más poderosas del mundo y, aunque es extremadamente simple, sus efectos son innegables. Tal vez la única dificultad estribe en la disposición para que opere: utilizarla adecuadamente, frecuentemente, y respetando sus principios.

La magia requiere fluir. No es posible optar a sus beneficios: el desarrollo espiritual, la felicidad, la sabiduría, la prosperidad, los poderes sin proporcionar tales bienes a otros. Desde bien antiguo se viene afirmando que sólo si nos transformamos en canales de esa inconmensurable riqueza dispondremos de ella. El modo para que puedas repartir las benéficas energías está ahí, ya lo has visto, aunque sea como ese secreto que se le ha dado a la humanidad una y otra vez, pero aquí está, una vez más, y prácticamente del mismo modo. Tal vez pueda cambiar el continente, pero no el contenido. Y la clave es muy simple; se trata de desear intensamente el bien, de enviar nuestros mejores deseos, de ayudar a todos y a todo aquello que representa lo que se quiere, pero eso sí, de corazón. Esa actitud nos conduce directamente a la «impecabilidad del mago», estado imprescindible para que seas capaz de manejar adecuadamente las herramientas que he puesto a tu alcance.

Alcanzar la «impecabilidad del mago» exige ecuanimidad, o, si lo prefieres, el equilibrio emocional, además de ese estar en el mundo sin ser de él, que implica una total y absoluta precisión en pensamiento y acción. Se trata de eliminar de tu existencia todo lo negativo, lo sucio, lo superfluo, lo defectuoso, lo inútil, lo dañino, lo perjudicial, cualquier cosa, ya sean ideas o comportamientos, que menoscabe la excelencia a la que debes aspirar. Ser «impecable» no es un programa, es una actitud de vida y es la filosofía del mago. Si no aspiras a la «impecabilidad» más vale que abandones ahora.

Sé que si has llegado hasta este punto del libro ha sido por algo. Pero también sé que, como en la parábola del sembrador, habrá semillas que hayan caído en las zarzas, otras en las rocas, otras se las habrán comido los pájaros, y unas pocas de las depositadas en tierra fértil brotarán y, a su vez, darán fruto. Con una sola de estas últimas que dé cien por uno, mi misión se habrá cumplido.

Estamos hartos de oír hablar del «estado de bienestar», de alcanzar un «bienestar social», de conseguir un «bienestar económico», de… ¿Acaso crees que obteniendo ese supuesto «bienestar» que los políticos te quieren vender vas a evolucionar, a trascender, a traspasar los límites de la vulgaridad? Te aseguro que no. No hay evolución sin caos, no existe el progreso sin crisis. Y para cerciorarte basta con mirar a tu alrededor, a la naturaleza virgen. ¿Acaso la mariposa que revolotea de flor en flor un cálido día de primavera vive en un ambiente de «bienestar»? Aunque a ti te parezca que revolotea plácidamente no es así; cientos de depredadores están al acecho para nutrirse con ella; la climatología, los insecticidas y otros muchos factores exógenos esperan el menor descuido de la alevilla para eliminarla del medio. Y los pajarillos que cuando vas de merienda al campo alegran tu paseo con sus trinos, ¿crees que viven en un hábitat de «bienestar»? Tampoco. Pobres de ellos si no permanecen alerta contra las rapaces. Pobres de ellos si no tienen localizado un granero natural que les proporcione el alimento para pasar el invierno. Pobres de ellos si se alimentan con insectos envenenados por el hombre. Pobres de ellos si se ponen a tiro de escopeta.

La naturaleza es muy sabia y coloca ante cada individuo los medios necesarios para su evolución o para la de su especie. La naturaleza es selectiva y rigurosa; al menor descuido quedas eliminado del proyecto. No hay cabida para excusas ni justificaciones, la «impecabilidad» es la norma. ¿Qué le ocurre al pájaro si no es impecable? ¿Quién está allí para protegerlo o decirle lo que tiene que hacer? ¿Y las plantas? ¿Cómo sobreviven sin la ayuda humana si no es a fuerza de «impecabilidad»? ¿Cómo soportarían los rigores del crudo invierno y del tórrido estío? Asimismo, nuestro planeta es impecable, preciso, no se permite el menor desliz; de otro modo, ya hace tiempo que habría sido borrado del Sistema Solar, y nuestra especie con él. La «impecabilidad» es una exigencia de la evolución, tanto orgánica como mental y espiritual. La «impecabilidad» es un requisito que impone la vida para seleccionar a los individuos más efectivos y perfectos en todos y cada uno de los niveles de la existencia. La «impecabilidad» no es cuestión de creencias religiosas ni de misticismos trasnochados; es cuestión de eficacia, es cuestión de «santo egoísmo», de progresar para sobrevivir, y de sobrevivir para evolucionar como seres humanos, como sistema, como planeta.

Principios de la impecabilidad

1. **Libérate de los embrujos a que te han sometido**. Especialmente de las adicciones al consumo y las dependencias. Libérate del miedo, de buscar lo seguro a toda costa, de «estar en lo cierto», de «saber qué tienes que hacer», del fantasma del «bienestar» y de «ser más». Estas dependencias te empujan a mantener una tensión constante para controlar a la fuerza cualquier situación de la vida, destruyendo la serenidad interior e impidiendo la armonía, y, en consecuencia, interceptando el flujo de las energías cósmicas. Un método para liberarte de esos embrujos es que seas consciente de lo que haces y cómo lo haces. Cada vez que vayas a emprender una acción, cuestiónate cuál es el motivo que te lleva a ello.

2. **Asume definitivamente que el mapa no es el territorio**. Acepta que las programaciones limitadoras de tu mente distorsionan la realidad creando ilusiones acerca de personas y situaciones. Recuerda constantemente que lo que tú crees que es, o como tú crees que deben de ser las cosas, no son sino fantasías, ofuscaciones, entelequias que nada tienen que ver con la auténtica realidad. Ejercita la renuncia a tener la razón y decir la última palabra. Recuerda que la verdad de las otras personas, aunque sea diferente a la tuya, también es verdad.

3. **Obsérvate para darte cuenta (aunque duela) de cómo y cuándo entran en acción tus estrategias deficientes y programas de justificación que permiten que tus adicciones y**

dependencias sigan presentes y activas. Lo mejor en este caso es que te acostumbres a llevar un diario de autoobservación para anotar todos los incidentes que diariamente te sucedan en relación con ello. De ese modo te será fácil descubrir pautas de conducta, estados de ánimo, relaciones, etc. que provocan el desencadenamiento de tus adicciones o dependencias.

4. La naturaleza es sabia y en cada momento tienes lo que necesitas. Deja atrás las añoranzas del pasado y no te engañes con las ilusiones del futuro. Borra la historia personal, corta con las cadenas que te anclan a situaciones, personas y enredos que no benefician a nadie. Repasa todo lo vivido, libérate de una vez por todas; utiliza la técnica para «volver a ser un corcel», limpia tu vida.

5. Toma la responsabilidad del aquí y ahora. Tú eres quien crea tus propios estados internos y quien ejecuta las correspondientes acciones. El mundo y las personas reaccionan en función de lo que tú haces, de cómo te comportas. Por tanto, ten siempre presente que tú, y sólo tú, es quien mueve los hilos de las marionetas de tu entorno. Sé consciente de que en función de lo que hagas, o dejes de hacer, los otros responderán de un modo u otro.

6. Sé ecuánime. Esfuérzate por identificar y tomar conciencia de cuál es tu estado emocional en cada momento, y no dejarte arrastrar por bajas pasiones o emociones inadecuadas. En el momento que identifiques alguna emoción que te resulta incomoda o inapropiada para la situación, elimínala, sustitúyela, o modifícala. El ejercicio que se muestra a continuación te servirá en el caso de que no seas capaz de transformar la emoción que experimentas. Para manejar las emociones mientras se empiezan a manifestar, sigue las pautas siguientes:

a) Cuando te percates de que tu experiencia presente es de algún modo insatisfactoria, porque se te escapa de las manos la intensidad de la emoción, o bien la que estás experimentando no es la correcta o no viene al caso, debes especificar cómo te sientes, qué emoción se está desencadenando y cómo te comportas en esa situación. Párate un momento, toma conciencia de lo que ocurre y procede como se indica en el siguiente paso.

b) Respira profundamente, entonces sal de ti mismo —imaginándote que eres un observador objetivo y distante de la situación— y pregúntate:
- ¿Qué es lo que quiero?
- ¿Cuál es la finalidad que deseo? ¿Cuál es mi intención?
- ¿Qué pretendo con este estado, con esta conducta?

c) Selecciona uno o más sentimientos emocionales que sean más útiles para obtener lo que quieres en esa situación.
- ¿Qué emoción sería la más idónea en este momento?
- ¿Cuál resultaría más beneficiosa para mí y los demás?

d) Identifica qué comportamientos resultan los más naturales para la emoción que quieres sentir. Es decir:
- ¿Cuáles son los comportamientos que se desencadenan de manera natural cuando siento esa emoción?
- ¿Son conductas útiles para conseguir lo que quiero?
- Si la respuesta es negativa, vuelve al paso 3 y elige otra emoción más adecuada.

e) A continuación, imagínate experimentando toda la situación con la nueva emoción. Asegúrate de incluir en tus consideraciones las respuestas de los demás.
- ¿Cómo responden los otros a mi nueva manifestación?
- ¿Podrían responder aún mejor si utilizo otra emoción?
- Si no resulta, vuelve al paso 3 y escoge otra emoción más ecológica.

f) Practica con todas aquellas emociones que te gustaría poder diponer para utilizarlas en una situación tensa.

7. Ábrete a los demás. Da lo que puedas de lo mucho que llevas dentro de ti: conocimiento, experiencia, información, comprensión, servicio, etc. Dar deja lugar para recibir; cuanto más das, de más espacio dispones para recoger nuevos valores. Sin embargo, no fuerces la dádiva, no entres en la obsesiva conducta de imponer tu donación. Tienes que aprender a dar adecuadamente; atiende fielmente al momento, al lugar y a la gente, ya que no se puede dar siempre, ni se puede dar a todo el mundo, ni se puede dar en cualquier lugar. Del manejo adecuado de estos tres elementos va a depender que tu donación sea útil o inútil, eficaz o ineficaz, beneficiosa o perjudicial, instructiva o generadora de dependencia.

8. Comprende objetivamente los problemas de otros. Aporta soluciones, pero sin involucrarte emocionalmente en ellas. Difícilmente podrás servir de ayuda si no mantienes la ecuanimidad. Para poder dar soluciones necesitas ver las cosas con imparcialidad, y desde ahí proporcionar las directrices para que los otros descubran por sí mismos la mejor alternativa.

Practica la «santa cruel indiferencia», pero recuerda que ésta no es en ningún caso impiedad ni despotismo; es equidad y comprensión sin emociones que enturbien la razón.

9. Actúa siempre desde el equilibrio, desde la armonía y la empatía. Hay momentos para la acción y momentos para la inacción. Inacción cuando percibas tensión o te sientas perturbado, desarmónico o descentrado. Y ten en cuenta que inacción no es pasividad, ni negligencia, ni pereza; es una parada para esperar el momento oportuno. Actúa sólo cuando detectes que es el momento de actuar, mientras tanto mantente al acecho.

10. Mantente en silencio interior. Detén el diálogo interno, procura la quietud mental para que poco a poco puedas percibir las energías más sutiles y unirte a ellas. Mientras mantengas la vorágine del diálogo interno nada de valor podrá penetrar en ti. Para que algo se pueda llevar, primero ha de estar vacío. Practica el ejercicio prescrito para expandir la conciencia para percibirte como parte del universo, de la naturaleza, de todo cuanto te rodea.

11. Deja que fluyan en ti las sutiles energías del universo. Usa esas energías que te llegan y puedes transmitir, aunque al principio no las sientas. Aprécialas, experiméntalas; a medida que tu atención se centre en ellas comenzarás a ser consciente de su presencia y flujo.

12. Sé consciente de tu consciencia. Aunque sólo sea una vez al día toma conciencia de tu conciencia. Detén el automatismo y percibe lo que te rodea, y, a continuación, sé consciente de que estás siendo consciente. Más adelante toma conciencia también de que todos los hombres y mujeres pueden ser como seres conscientes de su conciencia, y que ello conduce inexorablemente a la unidad de todos los seres humanos.

Estos doce PRINCIPIOS son como el plan básico para el desarrollo personal, o para alcanzar la «impecabilidad del mago», que sería lo mismo. Por supuesto que a pasar de su sencillez y simplicidad; no resulta fácil llevarlos a la práctica cotidiana. Ya sé que en el mundo que nos ha tocado vivir existe multitud de factores que bloquean la intención de trabajar en pos del desarrollo interior, pero precisamente esos mismos elementos son los que ayudarán a generar un mayor número de alternativas y, en consecuencia, de evolución. También sé que el trabajo en solitario es muy duro y costoso de mantener, por lo que te recomiendo que encuentres otras personas que estén comprometidas con el mismo propósito para que emprendáis la marcha juntas. El trabajo en grupo es de gran ayuda, aporta otros puntos de vista, una verificación del progreso, un apoyo en los momentos de crisis, una asistencia en la realización correcta de los ejercicios. Además, si cuentas con un grupo de trabajo, y así lo creéis necesario y conveniente, podéis también contar con mi supervisión e instrucciones para el funcionamiento óptimo.

Sólo me queda decirte que todo lo que has leído, aquello que has practicado y aprendido, son medios que, usados adecuadamente, te llevarán a alcanzar esa «impecabilidad» a la que me estoy refiriendo. No hay más magia que la «impecabilidad», y no hay mejor mago que aquel que es «impecable». Busca, pues, la «impecabilidad del mago», y ayuda con tu granito de arena a construir un mundo de justicia y honradez en el que todos los hombres seamos dichosos y deseemos vivir en él.

Bibliografía

Libros fundamentales para adquirir un buen conocimiento e información sobre PNL.

ANDREAS, CONNIRAE; ANDREAS STEVE, *Corazón de la mente*, Editorial Cuatro Vientos, 1991. Casos y ejemplos de cambio y terapia con PNL.

BANDLER, RICHARD, *Use su cabeza para variar*, Editorial Cuatro Vientos, 1988. Seminario dictado por el autor en el que enseña diferentes y eficaces técnicas de PNL.

CARRIÓN, SALVADOR A., *Autoestima y desarrollo personal con PNL*, Ed. Obelisco, 1999. En este manual encontrarás técnicas y métodos de PNL especialmente adaptados para realizar trabajos personales de autoestima y crecimiento personal.

——, *Curso de Practitioner en PNL*, Ed. Obelisco, 2008, 5.ª edición. Se trata de uno de los mejores textos de formación de PNL. Contiene todo el material que se imparte en los cursos de Practitioner con numerosos ejercicios prácticos y ejemplos aclaratorios. Es el libro de texto que utilizan muchos centros e institutos en todo el mundo de habla española.

——, *Eneagrama y PNL. Despertar de la esencia*, Editorial Gaia, 2007, 3.ª edición. Se trata de una obra de aplicación de la PNL junto con otras metodologías, en este caso el Eneagrama. El interés de este trabajo radica en la atractiva labor de aplicación práctica para el desarrollo del individuo.

——, *PNL para principiantes*, Ed. Océano-Ámbar, 2000, 3.ª edición. Texto básico para iniciarse en PNL.

——, *Inteligencia emocional con PNL*, Editorial EDAF, 2000. Libro básico para adquirir un dominio de la inteligencia emocional con las técnicas de PNL.

——, *Curso de Máster en PNL. Técnicas avanzadas de PNL*, Ed. Obelisco, 2008, 3.ª edición. Una de las pocas publicaciones existentes de técnicas avanzadas de PNL, parte del contenido formativo de los cursos de máster que imparte el autor.

——, *De plomo en oro*, Ed. Mandala, 2005. Estudio teórico-práctico para aprender a dominar las metáforas y los cuentos destinados a la educación y a la terapia.

——, *Espiritualidad, trascendencia y chamanismo*, Ed. Visión Libros, 2006. Un acercamiento práctico y asequible a la espiritualidad y al chamanismo desde la perspectiva del modelo de programación neurolingüística. Una guía de trabajo para el desarrollo integral del ser humano.

——, *El Zurrón mágico*, Ed. Océano-Ámbar, 2004. Claves para alcanzar prosperidad, éxito y bienestar. El ser humano ha nacido para ser próspero y feliz, y desarrollar todas sus potencialidades. Con la ayuda de este manual, podrás materializar paso a paso tus sueños y vivir de manera plena.

——, *Seducir y cautivar con la PNL*, Ed. Obelisco, 2008, 2.ª edición. Este libro es una guía práctica y eficaz para quien desee aprender a utilizar su potencial y dominar la comunicación de impacto y conseguir con ello que sus interlocutores queden fascinados, convencidos, persuadidos y seducidos.

——, *La felicidad a tu alcance*, Ed. Corona Borealis, 2007. Un acercamiento a todo aquello que hace auténticamente feliz al hombre y a la mujer, junto a las técnicas y guías para resolver aquello que intercepta el camino a la felicidad.

——, *El sentido de la vida*, Ed. Corona Borealis, 2008. Podríamos decir que es la segunda parte del libro anterior, en el que se plantea un conjunto de técnicas que permitirán al lector descubrir su sentido de la vida y la misión a desarrollar en la misma.

CAYROL, ALAIN; ST. PAUL, JOSIANE, *Mente sin límite*, Robin Book, 1994. Manual de trabajo sencillo y asequible para alcanzar lo mejor de cada uno.

GRINDER, JOHN; BANDLER, RICHARD, *De sapos a príncipes*, Editorial Cuatro Vientos, 1982. Se trata de la transcripción de un seminario dictado por los creadores de la PNL, en el que se trata la mayoría de los elementos.

——, *La estructura de la magia, Vol. I y II*. Editorial Cuatro Vientos, 1980. Primeros libros publicados de PNL, en los que se abordan los trabajos de la tesis de la nueva metodología.

——, *Trance fórmate*, Editorial Gaia, 1993. Una especie de curso práctico de hipnosis con PNL útil para diferentes profesionales como terapeutas, vendedores, comunicadores, educadores, etc.

ROBBINS, ANTHONY, *El poder sin límites*, Grijalbo, 1990. Uno de los libros que mayor difusión ha dado a la PNL, ameno y entretenido a la vez que instructivo

Índice